国家出版基金项目
NATIONAL PUBLICATION FOUNDATION

“十二五”国家重点出版物出版规划项目

走向世界丛书

主编 钟叔河 曾德明 杨云辉

FROM EAST TO WEST

〔英〕艾约瑟等 西学启蒙两种

赖某深 校点

岳麓书社·长沙

本册总目□

丛书新序

钟叔河

二○一三年十月

“走向世界丛书”一百种，只收晚清时期 from east to west（从东方到西方）的记述，这并不等于说，只有十九世纪末二十世纪初的中国人，才需要面对走向世界的问题。

纵观人类历史，走向世界决不是什么地区性和阶段性的活动，而是不断出现在全人类发展进步过程中并与之同步的历史现象。一百万年前，人类开始从非洲进入亚洲和欧洲，一万年前，又从亚洲进入北美洲和大洋洲，就是在不断地走向世界。

从有史以来的文献、文物看，三千多年前的《奥德赛》和《出埃及记》，说的是古希腊人和以色列人走向世界——走向地中海和巴勒斯坦。两千多年前的《史记》和《汉书》，写了张骞和后来汉朝"益发使"走向世界——曾走到罗马在西亚的边陲。一千三百年前的《大秦景教流行中国碑》、七百年前的《马可·波罗游记》和四百年前的《利玛窦中国札记》，记下了阿罗本、马可·波罗、利玛窦的 from west to east，这和 from east to west 一样，都是在走向世界。

人类曾因地理、种族、制度、意识形态等原因而互相分离，甚至隔绝。夜郎国的君长初见汉使时问："汉孰与我大?"当是时，夜郎的世界僻处黔西，其"大"可知；连夜郎都未入版图，则汉之"大"亦远不如今之中国。但人为万物之灵，为了求生存谋发展，总不能老守着自己的一亩三分地，总会要想方设法走向世界——走向更广阔的外部世界。于是，汉要"通西南夷"，要前往原来"道险终不能有"的夜郎；夜郎要问"汉孰与我大"，要想改变原来"不知汉广大"的状况。由互相隔绝变而互相接近，互求了解，这就是走向世界。

走向世界，无论是自己走出去还是让别人走进来（总比让别人杀进来好），无论是主动的还是被动的，从总的历史进程看，用大的历史眼光看，都有利于发展，都是一种进步。对汉朝来说是如此，对夜郎来说亦是如此。两千年前是如此，两千年后亦是如此。上世纪七十年代末开始编辑出版“走向世界丛书”时是如此，如今来继续编辑出版这部丛书时亦是如此。

今天的中国已不再是七十年代的中国，虽然仍称发展中国家，经济总量却早已“超英”，正在“赶美”，但走向世界的路还“漫漫其修远”。时至现代，走向世界当然是要走向现代化的世界，也就是要高度现代化，全盘现代化。“四个现代化”的“四个”——工业、农业、科技和国防，已经“化”出了很大的成绩，而我们的管理现代化，我们的服务现代化，我们的制度现代化……要走的路的确还很长。

现代人走向世界，首先要使自己成为能接受全球文明，有世界知识，有世界眼光，有世界理想的人。“走向世界丛书”杰出的作者，如郭嵩焘、黄遵宪……又如邹代钧、金绍城……他们看到的新技术还是德律风（送话器和最早的手摇电话机）、火轮车（蒸汽机车）……我们如今却已经用上了智能手机、坐上了波音飞机……但在思想层面上，我（不敢称我们）反省自己的世界眼光和世界理想，甚至在世界知识的某些方面，比起一个多世纪以前的郭、黄他们来，差距实在还不小。在这方面，也就是人的现代化这方面，要走的路就更“漫漫其修远”了。

五年前北京奥运会的成功举世公认，它已经成为中国走向世界的一大标志。它的口号：

ONE WORLD，ONE DREAM

“同一个世界，同一个梦想”，这也应该是现代人走向世界的志向和目的，是我们继续编辑出版“走向世界丛书”的志向和目的。

丛书原序

钟叔河

一九八〇年七月

人们常说，今日之世界，乃是一个“迅速缩小的世界”（rapidly shrinking world）。在电视卫星、激光通信和喷气式客机的时代，地球之上各地之间的距离，确实好像越来越短，人们相互间的接触和交流，也越来越方便和密切了。

可是，仅仅在几代人以前，异国还显得那样的离奇和遥远。古代欧洲人说，中国人用小米和青芦喂一种类似蜘蛛的昆虫，喂到第五年虫肚子胀裂开，就从里面取出丝来（Pausanias《希腊纪事》）。古代中国人则曾经相信，西方有种羊羔是从泥土里生长出来的，脐带还连着大地（《旧唐书·西戎传》、《渊鉴类函·边塞部九》）。这类海外奇谈，今天听起来简直不可思议，而在过去上千年中，却一直被当作可信的资料，记载在欧洲和中国的史书上。由此可见，人类文明的发展，经历了一条何等漫长曲折的道路。

为了探索和开辟外部世界，丰富自己的物质和精神生活，各国人民都作过许多贡献。人类文明史像叙说伟大的发明家和著作家一样，将永远铭记着张骞、玄奘、马可·波罗、哥伦布等不朽的名字。我们甚至可以这样说：一个民族从中世纪到现代的历史，也就是它打开眼界和走向世界的历史。

历史的发展从来是不平衡的。当黄河、长江已经哺育出精美辉煌的古代文化时，泰晤士、莱茵和密西西比河上的居民，还在阴暗的原始森林里徘徊。而自从地理大发现和产业革命以来，中国却相对地落后了。在西方实现资本主义的现代化以后，中国还是一个基本上同外界隔绝的古老国家。是鸦片战争打开了中国的大门，也打开了中国人的眼睛。人们称林则徐和魏源为清代最早“开眼看世界”的人，因为西方的坚船利炮打到中国来时，他们首当其冲，亲身感到这个世界在缩小，距离和壁垒再也不能将异国隔离开了。

过去时代的中国读书人，在“严夷夏之大防”

的社会里度过了上千年。封闭的外壳被打破后怎么办？守旧派的办法是把脑袋钻进沙子里学鸵鸟，像慈禧太后的大学士徐桐，见到洋人就以扇遮面。就是这个徐桐，在庚子年间焚香叩请骊山老母下凡来“杀尽洋人”，结果骊山老母没有下凡，他自己的老命却白白送掉了。而林则徐和魏源则不同，提出要“师夷长技以制夷”，主张学习外国的长处，以对付外国的侵略。要学习，先得了解，于是林则徐编了《四洲志》，魏源编了《海国图志》。虽然他们未能亲身出国去考察，书的材料靠间接采辑而来，难免有许多谬误，但无论如何，地里长羊羔之类的神话毕竟不得不逐步让位给常识了。

林、魏之后，中国才开始有读书人走出国门，到欧美日本去学习、访问和工作。容闳、王韬、郭嵩焘、黄遵宪和严复等人，要算是最早的。接着出国的人渐渐多了起来，尽管其中不少是奉派而去的政府官员，但既然去了，就不会不接触近代—现代的科学文化和政治思想，也就不可能不在中国发生影响。

“走向世界丛书”专收一九一一年前国人亲历欧美和日本的记述。自从一八四〇年鸦片战争失败那时起，先进的中国人，经过千辛万苦，向西方国家寻找真理。应该说康有为和在他之前的郭嵩焘、王韬、容闳等人，的确代表了近代中国向西方寻找真理的一派人物。当然，丛书所收的，也并不全属先进的人物的作品；但总而言之这些都是中国人从东方走向西方的实录，自有其文化的意义和历史的价值。

必须指出的是：从鸦片战争到五四运动这一历史时期中，西方国家虽在许多方面比中国先进，值得中国人学习，但国家利己主义的本质，却总是要压迫剥削比他们落后的民族的。中国人走向世界、接触西方，既有一个学习外国长处的问题，又有一个抵抗外国侵略的问题，盲目排外和盲目崇外都是错误的。对于某些作品中不免流露的这类观点，我们将在为各书撰写的叙论中，适当地作些分析，供读者参考。

“洋为中用”是我们今天的主张，也是十九世纪先进的中国人的主张。“师夷长技以制夷”，不就是“洋为中用”吗？当然，随着接触和认识的逐步深入，人们慢慢地看出：仅仅学一点“长技”，搞一点坚船利炮，还是不行的；要救国，只有维新，维新行不通，就只有革命。伟大的革命先行者孙中山，用他自己的话来说，也是在一八七八年出国以后，“始见轮舟之奇、沧海之阔，自是有慕西学之心，穷天地之想”，才树立了推翻清朝建立民国的大志和信心。历史无情亦有情，后人的思想和事业肯定要超越前人，但前人的足迹总可以留作后人借鉴，先行者总是值得纪念的。

今天的世界已不是十九世纪的世界，今天的中国更不是清朝末年的中国。今日之中国，已经逐渐以现代的面貌，出现在世界的东方。但是，世界的进步越来越快，中国的经济和文化等许多方面还需要不断地发展和提高；这就必需继续打开眼界、走向世界。打开眼界以后，还要学会分析，分清好的和坏的。一切好的东西，要拿来为我所用；一切有害的东西，要实行抵制和预防。在这方面，前人的经验和教训，有一些也仍然值得我们注意。

谨将这套丛书奉献给爱好历史和文化、关心中国和世界的读者，希望它能在中国现代化的过程中，起到一点微薄的作用，是为序。

丛书凡例□

一、“走向世界丛书”一九八六年前已刊三十五种，二〇一五年起仍按原定一百种的计划继续刊行，仍然专收现代以前用文言写作的国人考察西方（含开国后的日本）的记述，仍以亲身经历、直接闻见者为限。

二、丛书按作者出国年月排列次序，尽量单行，即以一种为一册；字数过少无法单行者，才以两种或数种合订成册。合订本尽可能以类相从，按第一种出国年月排序；其各种均在封面列出书名，书脊则只列出第一种书名，并在其下注明“等几种”（另有附录者则注明“附几种”）。

三、每种（册）书前，均由编校者撰写导言（叙论），介绍作者有关背景和书中重要内容，酌加评论分析，以供读者参考。

四、丛书均经编校者校订，标点分段，并加边批。边批的内容主要包括三个方面，兹以《随使德国记》为例，举示如下：

1. 标题、提要和说明，如“星使由苏州来”、“普鲁士分一十二省”、“演八十日环游地球的故事”、“如夫人即赛金花”、“‘人工’今皆称工人”。

2. 书中较重要的译名（加括弧注出原文或今译），如“德璀琳（Detring）”、“毕驷马（俾斯麦）”、“布莱门（不来梅）”、“德利风（电话）”。

3. 原文的订正和存疑，如“‘公司船’原无船字”、“‘骁勇’原作‘骑勇’”、“‘薛福成’成字原作辰”、“奥京立斯本应是维也纳”。

五、每种书后，均附人名索引，人名依首字笔画和一丨丿丶乚排列，按年、月、日三节数字查检（正文单页码下均有年、月、日三节数字备查）。如德璀琳之“德”字为十五画，于索引“十五画”内检得其名下首列“13，8，17”，查正文“13，8，17”在P. 3下，即可在P. 3上找到

（光绪十三年八月）十七日“乘肩舆往拜税务司德璀琳”的记载。

六、每种书后，一般附有译名简释（今昔译名对照，必要时并加说明），亦依首字笔画和一丨丿丶乚排列。如“卜兰墩浦 Brandenburg，勃兰登堡”，又如“勺勾腊 chocolate，巧克力”。

七、人名索引和译名简释的条目，并不限于边批中所举者；边批中所举者，则必皆收入索引和简释。

八、人名索引按年、月、日三节数字查检，其原书不著年、月、日者，则按篇章序号或页码查检。

九、原文因排印（抄写）而出现的明显的文字错误径予改正，不在边批中注出。

十、原文中同一外国地名而译文不一，如缪祐孙《俄游汇编》中“彼得堡”就有“比得堡”“彼德堡”等异文，因其无碍阅读，故一仍其旧，不予统一。

十一、原文中之统计数字亦一仍其旧。有的表格中之中文或汉码数字，为方便阅读，改为阿拉伯数字。个别已经失去时效、并无参考价值的统计表格，则在说明情况后删去。

十二、丛书以简体汉字印行。除总序、凡例外，编校者所作导言（叙论）、边批、索引中涉及的数字均按现行规定采用阿拉伯数字。

叙论：晚清介绍西学的一套启蒙丛书□

赖某深

中国海关出版的一套《西学启蒙》丛书

从某种意义上说，中国的近代是从古老的中国与近代的西方世界相遇开始的。而当中国一开始步入近代，早期的进步学者就特别注意对西方世界的了解，他们从现实中体验到，中国落后受欺侮的原因之一，乃是对西方世界的历史和现状缺乏了解，甚至达到无知的地步；要对付外在的陌生的世界，首先就要了解它。只有了解它，才能对付它。林则徐的《四洲志》、魏源的《海国图志》、徐继畬的《瀛环志略》、梁廷枏的《海国四说》等著作，便是适应当时中国社会迫切需要了解西方世界的产物。它们对于后人认识世界，改造中国社会，顺应世界潮流，具有启蒙意义。

国门被迫打开之后，先进的中国人开始睁眼看世界，固然可喜可贺。然而，由于见闻不广，或者语言不通，或者知识方面的局限，对于西方世界的了解依然肤浅。即使双脚迈出了国门的士大夫，由于大都是科第出身，所学为传统的四书五经，于近代科技几乎是门外汉，加之游历时间短，对西方的考察只不过是走马观花，他们对于西方尤其是西学的认识也不过是浮光掠影。正如时人所说，出洋人员“皆科第中人，于西学一道究为门外汉，是以所陈译署著述，多据摭剽窃之谈，非实有心得焉”（潘克先《中西书院文艺兼肄论》，陈忠倚辑《皇朝经世文三编》卷42，光绪戊戌版），“即有一二人员用心西学，日与洋官相洽合，亦不过略知其语言，略知其文字，略知其机器。每任满回华，诩诩然自命为洋务中人，究其于泰西各国之实学，仍茫然也”（黄润章《办理交涉以胆识才辩为先论》，陈忠倚辑《皇朝经世文三编》卷19）。像郭嵩焘那样虚心而努力的探究西学，并且知道希腊哲学的代表人物有退夫子（指泰勒斯）、毕夫子（毕达哥拉斯）、琐夫子（苏格拉底）、巴夫子（柏拉图）及其学说的实在是凤毛麟角。而学贯中西的传教士，翻译和介绍西学自然具有得天独厚的条件。1886年，英国传教士艾约瑟编译的《西学启蒙》丛书出版，系统地、完整地介绍了西学，对近代中国知识界起到了启蒙的作用。

在《西学启蒙》丛书出版过程中，时任中国海关总税务司的赫德发挥了重要作用。赫德，字鹭宾，他从1863年起，正式担任中国海关总税务司。1880年12月10日，赫德让中国海关驻伦敦办事处主任金登干订购麦克米伦公司（Macmillan，李鸿章在丛书序文中称之为"麻密纶大书院"）出版的"科学初级读本"和"历史初级读本"。"科学初级读本"要已出版的全部，"历史初级读本"要已出版的全部历史、地理书，文学书不要，全部费用由中国海关在伦敦的丽如银行A字户头支付（参见《中国海关密档》第1册第10页，中华书局1990年版）。同年，艾约瑟辞去伦敦传教会之职，受赫德之聘，担任海关翻译。从1881年至1885年，艾约瑟承担了"科学初级读本"和"历史初级读本"的翻译工作，翻译了《格致总学启蒙》、《植物学启蒙》、《动物学启蒙》、《富国养民策》、《辨学启蒙》、《希腊志略》、《罗马志略》、《欧洲史略》等书十五种，另撰《西学略述》一册，合为《西学启蒙》丛书十六种，1886年由海关总税务司印刷所印制发行。

这套《西学启蒙》丛书的出版，至少具有如下意义：第一，首开大规模翻译引进西方教科书的先河。十五种翻译书，所依据的底本都是英国广泛使用的教科书。这些书籍出版后，应该被很多书院采用作为教材，笔者据以点校整理的《富国养民策》和《西学略述》底本，原书便都钤有"云山书院官书"印章。第二，如此完整而有系统地介绍西学，之前还不多见。在此以前，翻译介绍西学，是比较零散、不成系统的。而且有许多学科的著作是首次翻译介绍到中国,《辨学启蒙》是晚清翻译的第一本西方逻辑学著作,《希腊志略》、《罗马志略》、《欧洲史略》是译著中最早系统介绍西方古典史学和欧洲史的历史著作,《富国养民策》则是较早介绍到中国的西方经济学著作。第三,对这些汉文西书进行整理与出版,提供给学术界进行深入细致的研究,对于研究晚清中西文化交流史,对于重写学术史,意义重大。以哲学史研究为例,虽然艾约瑟《西学略述》卷五专门介绍了西方理学(即哲学),但冯友兰的《中国哲学简史》第二十七章《西方哲学的传入》对艾约瑟《西学略述》只字未提。即使是近年关于西方哲学传入中国的论著,在讲到晚清这一段时,也都是从戊戌时期康有为、严复等人说起,对于之前的艾约瑟的贡献视而不见,或者未读过艾氏著作也说不定。第四,赫德领导的中国海关,在晚清西学引进的过程中作用如何?翻译出版了多少书籍?影响怎样?是长期被人忽略的问题,甚至连专门的研究著作(如《中国科学翻译史》和《西学东渐与晚清社会》)要么没有涉及,要么语焉不详,有心人不妨循此线索,继续深挖。

《西学启蒙》丛书出版,是当时知识界的一大盛事,张謇、李鸿章、曾纪泽分别为之作序。张謇虽承认西方富强为中国所不及,但仍然固执地认为西方“推步、测算、制作诸事”,“皆一一导源于中土”,反映了闭目塞听、罔顾事实的心理。倒是李鸿章见识高于张謇,他认为“泰西之学，格致为先”，“故能人人竞于有用以臻于富强”，他赞扬这套丛书“其理浅而显，其意曲而畅，穷源溯委，各明其所由来，无不阐之理，亦无不达之意，真启蒙善本”。曾纪泽则指出这套丛书的启蒙意义，以为发蒙之书，言近旨远，可谓“涉海之帆楫，烛暗之灯炬”，赞誉有加。

一本全面介绍西学的启蒙读物——《西学略述》

《西学略述》是艾约瑟自撰的一本简明扼要的介绍西学的启蒙读物。包括训蒙、方言、教会、文学、理学（即哲学）、史学、格致（即自然科学）、经济、工艺、游览共十卷。其特别值得注意之处，在于对西方自然科学各门学科介绍较为全面，卷六格致介绍了天文学、质学（今属物理学）、地学（地质学）、动物学、金石学（今属化学）、电学、化学、天气学（即气象学）、光学、重学（力学）、流质重学（流体力学）、气质重学（气体力学）、身体学（今属生理学）、较动物体学（比较解剖学）、身理学（今属生理学）、植物学、医学、几何原本学、算学、代数学、历学（历法）、稽古学（考古学）、风俗学（人类学）等23种学科的研究对象、研究概况和最新进展，对各门学科的创始人、代表人物、代表作略作介绍。卷五对欧洲哲学的介绍，线索清楚，脉络分明，极为全面，使读者对欧洲哲学的发展历程、著名哲学家及其哲学思想，一目了然。该书在编排上别具一格，类似中国古代的笔记体著作，卷之下设立条目，每个条目标题非常简短、醒目，提纲挈领概括其内容，每个条目之下的正文字数大体数百字，极为精炼。书中在使用纪年时，将西方的公元纪年转换为中国帝王年号。讲到职官时，将西方官名转换成中国官名。为了增强可读性，扫除阅读障碍，达到启蒙的目的，艾约瑟可谓用心良苦。书中大多数条目写得深入浅出、通俗易懂，有些条目写得很有意思，读起来津津有味，卷四《印售新闻纸考》云：

> 当中国前明之嘉靖年间，新闻纸始创自意大利之威尼斯城，时其国尚禁印出售，惟许传抄，以一人中立朗诵，众皆环立静听，凡听者例每人出钱一枚。德国效之，乃任人印售而不禁。至天启时，英国方创立新闻纸，例每七日印售一次。嗣法国有一医士爱说新闻，每至病家，辄向病者述之，叠叠不倦，犹以难家喻而户晓也，乃将所闻见刻印出售，嗣此新闻纸之流传愈广。

短短数百字，将新闻纸的历史娓娓道来，活灵活现，值得研究新闻历史的人参考。

《西学略述》的影响，从两方面可见一斑。一是同时代知名人士的购买、阅读、评价情况，蔡元培在戊戌年购买了这套丛书，孙宝瑄的日记中记载在1898年正月初五、初六日阅读了《西学略述》，梁启超《读西学书法》则谓《西学略述》“言希腊昔贤性理词章之学，足以考西学所出，而教之流派，亦颇详焉”。二是从青年学生的试卷来看。1889年，李鸿章为格致书院所出的春季特课试题中，要求学生们叙述从古希腊到近代西方科学的发展历程，一位学生写道："考西国理学，初创自希腊，分有三类：一曰格致理学，乃明征天地万物形质之理；一曰性理学，乃明征人一身备有伦常之理；一曰论辩理学，乃明征人以言别是非之理（钟天纬答卷，载《格致书院课艺》第四册)"。和《西学略述》卷五《理学分类》条目内容如出一辙。倘若不是各书院普遍采用这套书作为教材，倘若这些青年学生没有认真仔细读过《西学略述》，要一字不漏地在考试中复述以上内容几乎是不可能的。

较早的一部西方经济学译著

近代中国，追求富强是当时中国人的共同愿望，但如何达到富强，则极为茫然。即使是主张向西方学习的洋务派，也只是对西方科技感兴趣，很少有人了解与富强密切相关的西方经济学理论。直到19世纪70年代，中国人才开始关注西方经济学鼻祖亚当·斯密的著作。当中国第一任驻英公使郭嵩焘出使英国时，曾与正在此考察财政的日本井上馨等人讨论"查考英国税课当看何书"的问题。郭嵩焘在光绪三年（1877）二月的一篇日记中写道："询其所读洋书，一种曰阿达格斯密斯（Adam Smith 亚当·斯密)，一种曰长斯觉尔密罗（John Stuart Mill 约翰·穆勒)。所言经国事宜，多可听者。中国人才相距何止万里，为愧为愧!"（钱仲联《郭嵩焘等使西纪程六种》

84—85 页，三联书店 1998 年版）随同郭嵩焘出使英国的副使刘锡鸿也在出使笔记中提到此事：“正使叩以查考英之税课当看何书，并以书名《威罗士疴弗呢顺士者》为答。威罗士者，丰也；疴弗呢顺士者，国也，书言丰裕其国之道，故名。此书系挨登思蔑士所著，难于翻译，非习英文者不能翻译。”（刘锡鸿《英轺私记》119—120 页，岳麓书社 1986 年版）他们所“查考”的书，实际上就是亚当·斯密的 the Wealth of Nations，这大概已经是在这部名著问世整整 100 年之后，中国人第一次接触到亚当·斯密及其《国富论》的名字，不过两者对该书的具体内容皆言之未详。

《富国策》的翻译出版，则使亚当·斯密的经济理论首次传入中国。从 1874 年起，京师同文馆即以“富国策”之名开设经济学课程。当时的总教习、美国传教士丁韪良以英国经济学家亨利·法思德《政治经济学手册》为教材，介绍西方经济思想；1880 年，京师同文馆副教习汪凤藻在总教习督率下，将其译为中文并以《富国策》为名出版。在该书的凡例和正文中多次提到亚当·斯密及其学说。该书共三卷，卷一论生财，卷二论用财，卷三论交易。在《凡例》中，丁韪良说：“论此学者在泰西以英国为最。百年来名家迭出，如斯美氏（亚当·斯密）、梨客多（大卫·李嘉图）、弥尔氏（约翰·穆勒）”。还说书中的理论“为西国之新学，近代最重之，其义在使民足衣足食也。”

在西方经济学理论输入中国的过程中，艾约瑟的贡献是极为突出的。一方面，他在《西学略述》卷八“经济卷”中概述了亚当·斯密的经济理论：“当中朝乾隆年间，英人斯米得为苏格兰地方书院中之性理教习，著有一书，内专详论富国之本，甚为时人所称许。盖昔人论富国之原，或言多聚货财，或言广辟土地，而斯公概以为非，而惟以民勤工作为富国之本。其言曰，国俗尚勤……将不求富而自富也。”另外他还编译了《富国养民策》，此书原名《政治经济学入门》(Primer of Politial Economy)，作者为英国经济学家杰文斯（W. S. Jevons，1835—1882 年，当时译为哲分斯，严复译为“耶方斯”)。与同时代其他同类译著相比，《富国养民策》有以下特点：

首先，对西方经济学鼻祖亚当·斯密的译名最准确，最规范。如前所述，郭嵩焘将亚当·斯密译为阿达格斯密斯，《富国策》译为斯美氏，而《富国养民策》第 1 章第 2 节则写道：“英人亚当·斯米著有《富国探源》书。英国斯时兴盛，多由于研求其生财之学术致也，缘其书能使人洞晓贸易应无遏禁，工作应无定限之一应利益。”将亚当·斯密翻译成亚当·斯米，将《国富论》翻译成《富国探源》，极为准确，并且阐明了英国富强与注重研究经济学的关系。

其次，从书名来看，其所以译为《富国养民策》，看来是为了同已出的《富国策》相区别。同时，更能准确概括出经济学的理论。因为经济学不仅要讲“富国”，也要“养民”。

那么，为什么中国最早翻译的西方经济学著作，不直接使用“经济”一词呢？因为在中国古代，“经济”一词意为经世济民或经邦济世，即治理国家，和西方 economy 一词含义并不相同。而“富国”和“富国策”、“养民”都是中国原有的词汇，与西方所讲的经济学密切相关。

第三，《富国养民策》的内容是极为丰富的。全书共十六章一百节，第一节开宗明义阐明了这门学科的性质：“富国养民策，与他等学不同，专论开财源、节财流之各等实政，即所谓财为何物，有财时如何用之得当，并以何法赖他等格致学得增利也。”第三节侧重介绍全书结构：“首言何者为财；次言如何用财……三言何以生财；四言所得之财，如何分归予有分之诸般人。外此犹宜微论征税一事……”该书对分工、资本、工资、地租、利息、税收等均作了详细介绍。有许多观点鞭辟入里，令人耳目一新，即使在今天仍不无现实意义，例如第二节谈到以往救济贫民，结果“待食者反随时多”，甚至“乞丐辈多行鼠盗为匪事，十人中有受赈济数人也”，因此赈济贫民不如以工代赈：

> 由来于国家官绅赈济贫人后，每见乞食者多游手好闲，不务正业，怠惰性成，年复一年之不预为筹画衣食。倘遵依富国养民善策，将沽名取巧未尝细酌赈济财弊，悉变而为教养贫民，肄业工作，以工代赈，使得尽自食其力之益。

一针见血地指出了单纯的赈济只会培养游手好闲的懒汉，倒不如以工代赈，使得贫民自食其力。当前我国的扶贫任务极为艰巨，不妨大力实施以工代赈，使赈济对象得到必要的收入和最基本的生活保障，达到赈济的目的。同时还可以激发群众自力更生、艰苦奋斗的精神，摆脱"等、靠、要"等消极意识。

有些内容，写得妙趣横生，不仅可以增长见识，也能开阔眼界。第九十五节谈到了英国奇怪的征税法：

> 英国昔时，别有一按火取税法，富厚家生火处数多，则多取税，贫寒生火处数少，则少取税，催讨税者，亲身入室检视，何家生若干火数，民心不悦。继乃更为按窗讨税法，取其不必入室，由外即计算清楚矣。至于今日，英国以窗牖之光，为由至公无私之天上得来，不分彼此厚薄，凭之取税，于理未当，故撤去此条不用也。

必须指出的是，梁启超对该书的批评，不足为据。在《读西学书法》中，梁启超写道："同文馆所译《富国策》，与税务司所译《富国养民策》，或言本属一书云，译笔皆劣。"博学如梁启超，不清楚《富国策》与《富国养民策》是不同的两部书，其是否认真仔细阅读过两书，令人生疑。而其所下的断语有多大的可信度，也就略知一二了。

艾约瑟（Joseph Edkins，1823—1905），字迪瑾，英国传教士，著名汉学家、翻译家。1848 年 9 月来华，在华生活了五十七年。1853 年，他与张福禧合译的《光论》，是第一本光学译著。1868 年，他与王韬合译的《格致新学提纲》，给出了从 1543 年哥白尼《天体运行论》出版以来三百馀年间西方数学、物理学和天文学重要事件的年表。艾约瑟具有卓越的语言天才，他掌握的语言有英语、法语、德语、拉丁语、希腊语、希伯来语、波斯语、梵语、汉语、苗语、日语、满语、朝鲜语、藏语、蒙古语、泰米尔语、叙利亚语等，这有助于他向中国人传播西方文化知识。艾约瑟对中国文化、历史和宗教有着浓厚的兴趣和深入的研究，先后著有《中国的宗教》、《中国的建筑》、《中国见闻录》、《诗人李太白》、《汉语的进化》等书籍，向西方人介绍源远流长、博大精深的中国历史文化。艾约瑟高度评价中国古代科技成就，是最早提出"四大发明"的学者。

本书据光绪丙申（1896年）上海著易堂书局发兑本点校、整理出版。

[英] 艾约瑟等西学启蒙两种□

西学启蒙十六种总目

西学略述	格致总学启蒙
地志启蒙	地理质学启蒙
地学启蒙	格致质学启蒙
身理启蒙	动物学启蒙
化学启蒙	植物学启蒙
天文启蒙	富国养民策
辨学启蒙	希腊志略
罗马志略	欧洲史略

□根据光绪丙申（1896）上海著易堂书局发兑本
□赖某深校点

张謇序

天地开辟以来，我中土立国最先，顾其时榛榛焉，狉狉焉，浑噩沕穆之象而已。世代递降，人事日新，历来才智聪明之士，往往出其馀力，以穷究夫推步、测算、制作之事，其书至今盖犹有存者，假令当年好尚相同，群天下之人标新领异，积久不懈，其所成就，庸讵知不有与造化争其巧者？然而圣王知浮伪之足以乱世害俗也，于是作为奇技淫巧者有诛，是庙堂禁之于其上，草野遂不敢习之于其下。朱子补释格物致知之章，亦第言其理而不言其效，天下后世仍祇安其日用行习之常，然后知我中土圣人之教之大也。

泰西自犹太立国于三代之间，滋生蕃育，递衍递推，至于近日，各国且纷纷林立矣，独是壤地既远，风土遂异，纲常之道，盖亦稍稍殊矣。至于富强之术，则有非中土所能几及者，然亦不外夫推步、测算、制作诸事，而其

泰西富强之术有非中土所能几及者

实皆一一导源于中土，惟能沿流以穷其源，又复精而益进，驰心思于六合八极之表，日从事于可惊可愕之端，于是一孔目论之士，几以精巧为泰西独得之奇，而不知其渊源之有自也。海禁既开，交涉日众，以我之日用行习周旋于其间，先已孱弱不振，至于龃龉既生，兵革相见，礼义干戈，忠信甲胄，要不可复用之于今世。《易》曰：穷则变，变则通。故近今以来，未尝不翻然改图也。英国赫先生德居中土久，感礼待之厚，爰搜集其国有益于民生国计之书得十六种，属其国艾先生约瑟译而行之，以惠我中土人士，意至美也。著易堂主人见而善之，惜其书之不多见也，翻印而广其传，是书盛行我中土，才智聪明之士必不惮殚厥精能以求造乎其极，庶几富强之术不让泰西独步，倘终安其日用行习之常，而以浑噩沕穆为足尚者，又岂今日诸君译刻是书之意也哉？是为序。时光绪二十二年，岁次丙申冬十一月，上元季直张元方序于沪上客邸。

李鸿章序

总税务司赫君以《格致启蒙》之书十六种属儒者艾君约瑟译为汉文，既成以书来索序。余惟古神圣兴物以前，民用曰形，曰象，曰数，曰器，曰物，皆实有其事，非虚构其理也，通天地人乃谓之儒，童子就学，教以书数，穷理精艺，实基于此。自此意微，遂以浮华无实之文字汩没后生之性灵，乃率天下相出于无用矣。泰西之学，格致为先，自昔已然，今为尤盛，学校相望，贤才辈出，上有显爵，下有世业，故能人人竞于有用以臻于富强。此书十六种，即麻密纶大书院原本也，其理浅而显，其意曲而畅，穷源溯委，各明其所由来，无不阐之理，亦无不达之意，真启蒙善本，艾君之妙笔与赫君之盛心，并足不朽矣。赫君在华综司关榷三十年，勤能公廉闻于中西，于华固相习也，而与余相知尤久，今岁谒假将回国，而是书适成，属为弁言，使问相继，其用意殷肫弥为可念。余自治

泰西之学格致（科学）为先

兵迄于建节，迭任南、北洋大臣，往在江表，就制造局译刊西学书大小数十种，既来畿甸，创设各学堂，延西国教习以诲良家子弟之聪颖者，途径渐辟，风气渐开，近复有博文书院之设，而赫君之书适来，深喜其有契余意而又当其时也。孟子曰：能与人规矩不能使人巧，如此则能使人巧矣。孔子曰：民可使由之，不可使知之。平叔训为百姓能日用而不能知圣人言，凡民正以儆学者，此与民斯为下之民正同，盖谓民可不知，学者则不可不知也。若元晦所训，是圣人欲民之愚矣，是老氏之旨也，非圣人意也。同治初，同文馆教习丁君韪良成《格致入门》一书，五台徐侍郎惊为闻所未闻，使及见此，更不知若何叹赏矣！钦差大臣、太子太傅、文华殿大学士、直隶总督、一等肃毅伯李鸿章撰。

曾纪泽序

《记》曰：譬如行远必自迩，譬如登高必自卑。老氏亦云：合抱之木，生于豪末；九层之台，起于垒土；千里之行，始于足下。盖天下事业文章学问术艺，未有不积小以高大，由浅近而臻深远者。泰西之学，条别派分，更仆难数，学成而精至者，大抵撼风霆而揭日月，夺造化而疑鬼神。方其授学伊始，往往举孩提之童所能言能知，匹夫愚妇所不屑道者，笔之为塾钞，编之为日课，耆彦师姆，谆复道之，不以粗浅为耻，翻以躐进为戒，其向学易而为学有次第，此泰西学者之所以众多，学而成名者亦因是而济济焉。试举一二端明之，论光色之学曰，白者诸色皆备，黑者诸色皆无，诸色皆备则不复受色，故以色著白纸，常推而拒之，显露于纸上；诸色皆无则能受众色，故以色著黑纸，常纳而入之，隐于纸中。夫绘白纸而显露，绘黑纸而隐晦，此孩提之童所能言能知，匹夫愚妇所不屑道者也。然泰西学士，由此理以证日质之所有，辨虹蜺之七色，窥玻璃之三角，定藻绘之彰施，考影相之宜忌，其学无穷极焉。又论寒热之学曰，五金传热，毛羽不传热，投铁杖一端于火，火外之铁遽不可执，焚兽皮将尽而未尽者仍可执，此传热不传热之证也。狐貉足以御寒，非狐貉能生热也，惟其不传热，故能护藏人身本有之热。夫投铁杖与兽皮于火，可执不可执之别，此亦孩提之童所能言能知，匹夫愚妇所不屑道者也。然泰西学士由此理以考求太阳地心之热力，与一切机器键辖火轮舟车蒸汽生力之大，凡稽化学生克之源，察冷暖涨缩之理，储水银铸钢鼓以制寒暑之表、风雨之针，五纬彗孛地球月轮借摄力以环日，地火震山空阳生飓循定轨以行灾推测之眇通乎神明，其学亦无穷极焉。所谓积小以高大，由浅近而臻深远者，非其效欤？

总税务司鹭宾赫君择泰西新出学塾有用之书十有六种，属英国儒士艾先生约瑟译成华文，书成，问序于予，予尝忝持使节，躬逮欧洲，每欲纂辑见闻编为一帙，事务纷乘，因循不果，今阅此十六种，探骊得珠，剖璞呈玉，遴择之当，实获我心。虽曰发蒙之书浅近易知，究其所谓深远者，第于精微条目，益加详尽焉耳，实未始出此书所纪范围之外，举浅近而深远寓焉，讵非涉海之帆楫，烛暗之灯炬欤？古称通天地人为儒，又曰：一物不知，儒者之耻。儒岂易言？发轫于此书，就性天之所近，更著研耽之力，其于专门之学殆庶几乎？《尔雅》训诂之文，《急就》

发蒙之书言近旨远

奇觚之字，贾、董、扬、班于是乎兴，吾人而有志于西学，则虽以《尔雅》《急就》章视此编焉可也。诰授建威将军、管理三库事务大臣、帮办海军事宜大臣、总理各国事务衙门大臣、户部右侍郎兼管钱法堂事务、世袭罔替一等毅勇侯兼一云骑尉世职，湘乡曾纪泽劼刚氏撰。

自叙

名世者圣，称述者贤，所以启迪生民，嘉惠后学，事虽创若仍旧，言历久而愈新，此大地有国莫不皆然者也，至于代变时迁，一兴一革，来今往古，有异有同，傥弗溯其原，更孰悉其委，且欲得奇材于后日，惟务求善教于兹时。迩者中西敦睦，不限舟车，商使互通，无分畛域，故得交相择购利生致治之书，咸译以本国文字，借便披研，盖亦借助他山之一道也。余司译于总税署，经本署总税务司赫君择授以泰西新出学塾适用诸书，俾于公牍之暇，译以华文，抵今五载，得脱稿告成十有六帙，而其中之博考简收者，一曰《西学略述》，依诸原本者十五，曰《格致总学启蒙》，曰《地志启蒙》，曰《地理质学启蒙》，曰《地学启蒙》，曰《植物学启蒙》，曰《身理启蒙》，曰《动物学启蒙》，曰《化学启蒙》，曰《格致质学启蒙》，曰《天文启蒙》，曰《富国养民策》，曰《辨学启蒙》，曰《希腊志略》，曰《罗马志略》，曰《欧洲史略》。近将辑付剞劂，爰弁数言于《西学略述》一书之首，若夫即指见月举隅反三，是则有望于学者矣。光绪乙酉孟冬，总税署司译英人艾约瑟自识。

西学略述

[英] 艾约瑟著

西学略述目录

西学略述卷二　方言

西学略述卷三　教会

西学略述卷四　文学

西学略述卷五　理学

西学略述卷六　史学

西学略述卷七　格致

西学略述卷八 经济

西学略述卷九 工艺

西学略述卷十　游览

西学略述卷一 训蒙

字母

泰西训蒙之道，要皆始而教之熟习字母，缘泰西典籍累千万轴，其间文字皆由字母合成，非如中国文字千万而音义亦殆有千万之繁，计今除朝鲜、日本、安南等国之文字尚多同于中国以及满蒙文字惟依字头外，其他诸国皆莫不遵用字母离合而成，为语言之记志。夫酌用字母之人，闻物名而别其音根于耳，而形诸目，嗣则连画数音之号以为所属物名之记志。而字母之数，则各国率有多寡，或为二十四五，或为三十、四十不等，简而易识，便于诵记，以授童蒙，不旷日即皆可习熟，然分识字母之要，既务熟正其音，尤贵通会其合而成言之术。

训蒙之道要在教之熟悉字母

拆习字母

凡字母皆不仅宜识其状，习其名，又须究明其正音为何。缘上下千馀年间，其言之字母同而音已迥异者甚多，如此言之首一字母而移置于他言之首，音或不同。再若言之，中间同一字母而音亦多不相袭，至若列居言尾之字母则其有音无音尤宜辨晰，是皆非暂习即能之事，皆学者所宜存心而时加玩索者也。

泰西诸国字母殊异缘音不同

字母在泰西诸国率有殊异，缘诸国之人民言语，其音要多不同故耳。而学者于他国字母其音复大殊于本国者尤宜留意，盖恐遇有彼国之人与尔谈时，尔依其国之字母而仍以尔本国音出之，恐难使之喻也，似此取各字母拆习分读，学者莫敢忽视，恐书函往来间有谬误，且无论朗诵何文，使值地名或人名稍属罕见者，如未纯熟于拆读字母之法，诚恐有讹于音而不免致闻者之粲然也。至若字母分节长短悬殊，短仅二三字母自成一节而已，长则至有可截分六七节之多者，以之训蒙，亦必由二节即成一言者始。

启蒙读本

凡泰西新出之拆习字母诸书，作者原取便于训蒙，故皆必以一言仅合以二字母即可成一物名为始，继乃读以三字母合一物名之言，而其物之若禽若兽皆即仿图刻印，于是一言之上尽堪供五六岁之幼童玩察也。至旁列图说其中诸言，亦以三字母相合为率，庶使幼童易读易晓，嗣而一言成为物名之字母，渐由四而五而六，以次递加，其间仿绘物形，即物成章之文，皆同上式。又间有歌诗，或为可信口而吟，或以之称颂上帝，或畅言草木，或详诵禽鱼，至于此书分有五六等第，其所选诗文类皆名家著述，以是教授幼童，可使于嬉戏之年，已多识成人之语也。

迨习读书，计有三要：一则须熟识字母连书成言之音义；一则当对人朗诵之时务使音韵清贯，庶旁听者入耳即可了然；一则如目前有书能即遵依成规诵以俗语。此三者即初习读书之三要也。 初习读书之三要

书法

书虽小道，而列居六艺之一，如泰西作字，其笔墨书法均异于中国，兹略述之以为学者之一助。如其笔无论为钢或为鹅管，下端末处要皆强锐而双乂，以便作字时使所蘸取之墨水即沿乂流下无少凝滞。其作字佳与不佳，惟视执笔之合法与否。凡初学大草书者，以右手执笔，轻若拈花，右肘尖宜与案平，忌侧引身倚压手上，置纸当胸务正，而以左肱曲卧案傍，防纸动移，右肘则恒与案边直交，俨若十字，继乃徐徐自左而右，至笔上端尽处宜与右肩头遥对，拇指顶宜对食指之上节纹，腕平附案，小指作斜立势，使小指顶轻依纸上，似此纯熟。于进习小草时， 作字佳否惟视执笔合法与否

则先习横画平线，如泰西乐谱，次习曲线诸画，俟皆能信手回环，无不与著名善书人逼肖，方可究辨字形结构互异之故，笔画纤肥相生之奇也。

地理

地理一学，如论大海之洋洋，旷野之寂寂，林木森茂而无蹊，雪山矗出于云表，皆足使学者畅悦心目。然欲习地理，则必宜解明之事有六：一当使明地图所分东西南北之方位；一推测地之远近须先为酌立一准，如以人每一点钟行十里为准，自无难推而至于千百万里之遥；一凡地理书中所论之江山、河海、土角、土腰等处，皆宜即其所已知者推而明之，如小湖可作一大海视是也；一当明绘地图例用之号志，如图小圈为城，凸曲线为山，平曲线为河或海岸诸式；一如地理书中分论之平陆、原隰、分水、界山，以及大河并其旁入之各支流浸占地面广狭诸理皆宜明晰；一如地球全图经纬其间之早暮时差，即原于周天三百六十度，而每十五度为一点钟之候也。

欲习地理宜明六事

泰西不以珠算而以心算，如下表式，最便初学，实足为习算婴孩之一助，凡婴孩皆心静神专，授以此表，若能使熟诵于口，必将终身不忘。其法竖读，起自二行，如一二为二，二二为四，三二为六，依是而读，至于表末。

心算表

一百四十四方算数表

一	二	三	四	五	六	七	八	九	十	十一	十二
二	四	六	八	十	十二	十四	十六	十八	二十	二十二	二十四
三	六	九	十二	十五	十八	二十一	二十四	二十七	三十	三十三	三十六
四	八	十二	十六	二十	二十四	二十八	三十二	三十六	四十	四十四	四十八
五	十	十五	二十	二十五	三十	三十五	四十	四十五	五十	五十五	六十
六	十二	十八	二十四	三十	三十六	四十二	四十八	五十四	六十	六十六	七十二
七	十四	二十一	二十八	三十五	四十二	四十九	五十六	六十三	七十	七十七	八十四
八	十六	二十四	三十二	四十	四十八	五十六	六十四	七十二	八十	八十八	九十六
九	十八	二十七	三十六	四十五	五十四	六十三	七十二	八十一	九十	九十九	百零八
十	二十	三十	四十	五十	六十	七十	八十	九十	一百	百一十	百二十
十一	二十二	三十三	四十四	五十五	六十六	七十七	八十八	九十九	百一十	百二十一	百三十二
十二	二十四	三十六	四十八	六十	七十二	八十四	九十六	百零八	百二十	百三十二	百四十四

音乐

泰西之诸小儿女，日多以鼓琴歌诗为事，凡琴诗鼓歌之际，其音轻重高下各有所合，如儿女之音皆轻且高，男子年及盛壮而音重而下，音乐实基于人。今泰西洋琴计分四十九牌，或五十六牌不等，其甚轻清而高者固非儿女音之可及，而极重浊者亦倍下于盛男之音，如分有四十九牌之洋琴，其间以条分宫商角徵之诸牌，上下清浊皆各计有七等，鼓者循牌抚按，其条分之精，较之歌者尤为详细。再每一正牌外多有二副牌，副牌之音较之正牌高下各可使差至半，外此又有节奏之缓急迟速，约分有五六等，故亦须向琴谱中详为分析，初习琴者固宜对此谱而鼓，初习诗者亦宜依此谱而歌，琴谱分析高下如是微奥，习者若多忽而不察，则不足以悦闻者之耳，如四人同歌，取诗一也，依谱一也，而其音虽高下轻重不一，仍皆能秩然不紊。今有父母子女聚室习歌者，不论长幼，以一人坐而抚琴，众皆傍立抗声高歌，初学琴诗每日只率习一点钟之候，久久自必纯熟。

音乐实基于人

调习童孩耳目及手

设牢缚幼童一手使不少动，如是半载，此手必废，可知人身之脏腑肢骸其间，气血皆时时任其流运为宜，故凡幼童，即恒使辨色以习目，辨音以习耳，辨弄方圆曲直诸玩物以习手。盖泰西之教育童孩，计由二岁以至八岁皆必先酌使之精其耳目与手，类别科分约有四五十等，如教以树艺、花木、编制、席笼、绘画、图样诸戏皆是。

强健幼童肢体

凡幼童可多任其出嬉恣览山水、花卉、木石等类，和其肢体，以防疾病，故幼童每日至少亦须一次出游，在男子固可任其攀援树木，超越沟渠，若泰西女子原不裹足，固免受此形近刖形之惨，即其俗重细腰，亦不可结束过紧，傥必务饰美观于外而更不问其内伤与否，果益耶？果无益耶？

每日至少一次出游

反本思源

凡为人子者，无不知父母之宜孝，兄弟之宜亲，君之宜忠，长之宜事，然尤有极尊宜敬畏者在上帝是也，故须使知宜晨昏祈祷以求上帝之恩祐，庶得正心绝欲，荡涤恶习，自在从容，安然而入于至善之途也。似此之论，泰西各国无问官民，凡有治人之责者，多以是为训蒙不易之法。

敬畏上帝

婴塾

婴儿教育之法

古者中国童年八岁始入小学。今泰西婴塾之设，计凡生足十八月之幼孩及年尚未逾八岁者皆为立有教育之法，其法乃由德国人之名额伯邻者创始，至中国之嘉庆年间流传入英而建于伦敦城内，此塾立有专章，故英人威得斯宾又为著书详定。德国婴塾皆择立于花木繁茂之园内，其程课则半坐授于塾之内，半游示于塾之外也。似此婴塾，最著名于泰西各国。

义塾

泰西绅富诸人怜贫家子女幼而失学、长而无成也，故多相率出资创立义塾，其定章：凡遇有送子女入此塾者，例取半费，其馀半费则由存塾公项代为支补。有人谓此法诚美矣，而惜其尚多缺，如不可不早为区处，俾无遗憾，

义塾未尽善者三事

计其犹未尽善者三事：一义塾无多也，盖缘绅富固难随地皆有，而有处亦未能皆爱育人材，若国家能拨发帑金多建义塾，庶可使贫家子女无欲学莫从之戚；一贫家子女均宜入塾也，若国家能遍喻通国，凡贫不能延师课读之家，子女及年皆送入义塾，不可听其游惰，以致老大无成，违者即量罚示警；一义塾子女年各不齐，师之教授，须有差等也，如识字读书，习音学算，以及忠君孝亲之道，敬畏上

帝之方，一师百徒，势难兼顾，若能择派徒中之年学较优者分教幼童，则塾无旷课，师逸功倍矣。论者之言如此，凡有国家者皆不可不以储育人材为急务也。

富强由兴学校

近自中国之嘉庆年间，欧洲诸雄国皆多方立塾，争以储育人才为急务，是以四民之业妙奥日增，即彼执殳之士，幼而学道，长而知方，技艺既精，恪从上命。在昔德败于法，退修其政，专以育才为本，文武并重，后数十年而德竟大败法人，富强至今，惟时邻疆皆虞己国久或处于德之下也，故皆竞新其政令，立不学之禁以励其民，是以荷锄居肆之家鲜或不学，即今英国公私在塾之童数倍于昔。近日本国皇力遵行泰西新政垂二十年，除民间公立之义塾不计外，即其都邑内外为国家所建之书院已约有学生二百万人之多，所学皆宗本西法，如医学、方言学、翻译学皆有专塾，至于女塾，近亦设有多处，观日本之举措如此，是有欲与欧洲诸雄国并列之心明矣。

欧洲诸雄多方立塾

西学略述卷二　方言

言语未易考原

言语者，心之声，本乎自然，无待有学于外，如二人相晤之际，要皆有怀欲吐而彼此终可互达者，则缘此言语往返足通其情之故耳。夫目可代语，未始不亦堪示意，然以较诸朗宣于口之言，无乃过于简隐，故凡人之情也、意也、志也、虑也，要皆假此言语以喻于人，辨议祈许，闻者均自了然。至欲溯究原始，上考鸿蒙，则太古无史书文字，更将何从而稽知之？

情意志虑皆假言语

详言语今富于古之原

世有圣贤，则人之所知者日博，所知日博，则言语因之亦必日多，后人复踵前人之言而扩充之，是以愈日形繁富。如自有人创习天文一学，世即增无数特属论天文之名目言语。自有人创究医药品味草木，世即增无数特属论药味之名目言语。自有人创精贸易一事，世即增无数特属论贸易之名目言语。至若万方之国，皆可获非其土产之物，识非其土产之名，若无贸易往来，胡克臻此？

人增一学世即增其特属名目言语

人即所日见之诸物而辨其色，别其状，形容于口，以为此色状之名者言语已奚止万千，再即如一人之身，其五官、四肢、动静、作息由是而生有之活字已难枚举，久乃字之活者渐多用同于虚，惟时此字旧义别有新活字出以补其缺，似此字之代谢无穷，泰西人著有多书以资征考，今计其足供潜玩者约数十卷。

能言与否为灵性有无之证

英国人之名罗革者，言禽兽知营巢穴而不知栋宇之佳，知食而不知火食之益，知爱子而不知谢上帝之恩，即其不能如人之以言语相通，可识其皆不同于人之有灵性也。今详察禽与兽，皆大异于人，如犬知人之击己而弗知击己人之意有美恶，此即其心不能别是非之明证，又何能创立言语以为明表心意之用而传至久远哉？即以能言与否为人畜判然之界域也可，至于禽兽亦有能效人言者，是不过仅识其然而终难尽其变。

辨识土语为考方言之助

乡音土语变幻无穷

诸国言语，率难为之条分清晰，盖因诸国各有其乡音土语，变幻不可胜穷。且即一国而论，自古迄今，其语音变幻已不知凡几。故昔德国有人名雷伯尼，常寓书于俄国之君彼得，内言亚细亚洲沿北诸地之属于俄者，其间边幅辽阔，人民散处，语音驳杂，多异少同，若尔能遣人周行其地，访其土语乡音及诸文字，笔志成书，必于方言一学大有裨益，雷伯尼之言如此。设各国皆果能如是考稽，则其加惠于方言学家者诚非浅鲜。不然，则诸有志于方言一学之士结伴周游，自行采访著书尤为确实。

字原出于图画

斐尼基文

近世泰西诸国之字，皆祖于斐尼基文，是谓字母原夫斐尼基文之所自出，则图画为之先嗣，乃从省变。近今之字母详斐尼基文，其一为א，乃象牛也，其二为ב，乃象室也，其三为ג，乃象驼也，其四为ד，乃象门也。按斐尼基门字乃三音合而成文，读若大雷德，如ד为其首一字母之音，惟读若大而已，凡遇文中有宜读若大若地若舵若度等音者，皆可以ד相代，即是可知凡字母皆始本于图象物形，久久即变为记音之号识。至于图画，在埃及地传行最久，是与古埃及国相终始，若巴比伦创始未久，即省如今字母形矣。

图画之作，原以备志言语，故各即物之名以为名，嗣乃避繁从省，由渐而变，埃及与巴比伦文字皆创始于图画，即中国文字创始时亦为数无多，至其初或即中国人自造，或由近西处传来，要皆无从论定。

笔墨考

上古人以铁或竹木细梃挖画木石及未经入火之泥砖上以为号志，中古人乃易以竹木细梃，蘸取有色诸料物画皮为书。若纸则创自埃及国，其初惟层剥水生植物之皮取以为纸，嗣因剥植物皮不足给用，乃有移居埃及亚利散太城之希腊人筹及截取此植物全株捣治制而为纸。当东汉之世，法始传入中国，蔡伦首行仿制以代练帛，竟获流名至今。而埃及造纸，以后亦常刮取灯烟创制挺墨，缘后人改尖削鹅管，蘸用水墨，作书甚便，故尔挺墨中废。

亚利散太（亚历山大）

数目号字考

今泰西所用以代数如 1、2、3、4、5、6、7、8、9、10 诸号字，近有人考得是皆由梵文数目名之首一字母脱化而出者，若上古之希腊并希伯来人皆各依其字母等次作为数目号字，惟罗马人则一以Ⅰ，二以Ⅱ，三以Ⅲ，四以Ⅳ，五以Ⅴ等式作为数目号字，即今象画于时辰钟与时辰

表面之上者是也。至泰西近用之数目号字，本于印度，由

亚拉伯即阿拉伯

亚拉伯人传至欧洲，其书画简易，故能盛行至今。或言中国所用之数目号字皆与形似且并作右行，岂汉张骞奉使西域时之所流传耶？

言分九类

虚实不同言分九类

凡泰西言语，率有虚实之不同，约而计之，可分九类：一、区指字类，如彼此等字是也；二、实字类，如犬马等字，言时须有授受动静等义，中国则别加一字于实字之前后，泰西则即其言而增减其字母也；三、助实字类，如高下美恶等字；四、代实字类，如你我他等字；五、活字类，如方向则恒言有打人、人打、自打自之殊，情形则恒言之如是打至止，复加傥字或既字以及可字与情愿等字，泰西皆多，即本言而惟少增减其字母时候则恒言有过去、未来、现在之不同处；六、虚字类，徒如然等字；七、实字前后之虚字类，如山上山下之上下等字；八、分合之虚字类，如兼但等字；九、叹辞字类，如吁嗟诸字是矣。

言学四范

一、凡言之音声贵乎清亮，若学者未克臻是，则师宜训之使改，至于作书之时，即各依其国之通行字母而书。

一、言分九类，而实、活二字类尤为繁要，实字尾末之字母恒多变易，而各国率不相袭，如拉丁实字计有五式，列作五行，每行变体有六。德国实字则计有三式，列作三行，每行变体有四。至若中国之于与内外等字，亦如泰西助实字变体之用，活字界分愈富，如详见上章之打字是也。一、言文则字句皆有断连分合前后之定式，义例繁多，而各国率有不同，如中国之言吃饭，而蒙古则云饭吃，凡言之互相颠倒者，皆宜归列于此范下。一、言诗则皆有酌押韵脚部分长短音别清浊之等第也。

实活字类尤为繁要

印度及欧洲方言考

考厥印、欧生民之初，皆聚处于葱岭以西高原之上，其地今名为巴米耳，嗣有出迁于印度地者，即今四韦多书并佛经梵文即彼等首所创变之语言，继有出迁往波斯地者，爰行创立敬火之教，迨三之出迁，散居于英、法各地间者为革勒底族，其往居于意大利地者创变言语，是谓拉丁，今法兰西、意大利、西班牙、葡萄牙四国方言皆本拉丁而出者也。继复有多人出居于意吕利亚，而希腊地亦有多人迁往居焉，惟时又分有斯拉分尼族迁居于俄及德国以南之地，今俄人皆其后裔，德族则迁居于英于德以及瑞典三国之地，考今英、德、瑞典三国方言，皆同出于德族。如上所言，皆近由泰西方言学家殚竭精力旁证冥搜而得者。

巴米耳即帕米尔

拉丁语

西米底族考

西米底者，乃由挪亚第二子之名变音而出者也，西米底族原居今巴西国之西，当欧伯拉底及底革利斯二河之间，近由考方言家将是一族分而为三大族：一、亚拉伯族，后之回教即出于其中，又有一族亦出于亚拉伯族者名曰阿比西尼，今散处于红海西南地者是也；一、犹太并斐尼基族，其人所遗最古之书即今之《旧约》书，又亚非利加洲北滨海数处之各洞中石上并间由土内掘获之古碑碣，多有昔斐尼基人留刻之文字。一、亚兰族，今巴比伦及尼尼微等处其荒陇断埂间，多有掘得昔用以建覆宫庙之旧瓦残砖，而上之刻有文字者尚可依稀辨识，为亚兰人之所遗，即中国唐世之《景教碑》中列有今叙利亚之文字亦其类也。

一族分而为三大族

土满蒙考

昔周之玁狁，汉之匈奴，唐之突厥，皆土族也。其一言率皆以二言并合而成，上者明意指，下者为语助，如清语之笔帖式、笔帖译书式，有则音无义，为语助辞是也。今亚细亚洲之满蒙、朝鲜、日本以及俄属地方之人民言语率皆如是者，盖缘其先皆出于土族也。是族之人，性多喜动，不立学校，建城邑，捷足善走，日逐游牧以为生，其

土族之人性多喜动

今之有学校城邑，皆慕邻国而仿为之，非能自行兴创。近泰西方言家略为分定类族，一东胡，乃昔统满洲女直之总名；一蒙古，即前之元朝；一突厥，其间回鹘并今之土耳其皆与同族类；一朝鲜、日本；一南印度之得拉非典族九种。

藏缅暹越考

本一族而散居四地

是本一族而散居于今西藏、缅甸、暹罗、越南等地，嗣乃中分为二：一为暹、越，其语皆单节如中国，而颠倒出之，若胜地则作地胜，好人则作人好，其他之类似此者不可殚述，然暹罗重佛，故其言复多杂有梵语，越南则自秦汉以来中国人流寓其地者甚众，故今其言半多华语，音分四声，近于中国；一为藏、缅，凡中国云南、四川等处山民之罗罗种类皆与同族，其语皆单节，虽四声尚未全备如中国，而皆略有其端且不复有所颠倒，如好人而作人好者矣。兹考四声之所由起，盖缘其初所用字母之音过于狭隘，久乃渐次推广而别出有四声也。

方言分有三类

详稽方言创分三类

经方言家详稽各国方言，意可创分三类，惟当其搜证之时，其十言中五言尚存有原义，五言已失其原义也，故兹即准诸言之原义存否而类分之：一类为未失其原义之言；一类为合二言为一新言，一存原义，一失原义，而幻为助语之辞，如今中国方言呼“旗”作“旗子”，“旗”仍原义，“子”失原义而幻为助语辞矣。一类为合二言为一新言，而二言之原义均失。

非止二言可合为一新言也，即三言四言亦无不可合为一新言，然皆不及二合为一之多。

一言皆尚仍原义，皆作单节，如中国之言是也。一首之一言仍其原义复续多言，去其原义而为上一言之助语辞，其间分有三节、四节不等，如满蒙之言是也。一二言合一原义，或已均失，即古之梵文并今英、德等国方言皆是。

言语原起

言语原起略有三说

稽古家穷究言语之所原起，略有三说：一谓言语本人性中所固有，如饥而求食，渴则觅饮，啸侣呼朋，缘创立言语以达其意，此乃内得之自然，非有所戕贼而强作于外者也；一谓言以名物，皆古人互商所酌定，如今用以量正时刻，或表与钟之面上数目号识以及船只升用之信旗，皆预先酌定，方可通行无碍；一谓人言皆本师于物之音，如牛字音近于牛鸣，猫字音近于猫鸣，轮字之音要亦不外于车声隆隆而生者也，至又有言车声者或曰毂毂，或曰辘辘，是皆人听之别。再昔人制物，物多自有其音，而即以其音为物之名者甚繁，如弓、矢、鼓、钟皆是。

方言各国是否一原

方言家有言，人生之初，分有多族，族各自创言语以通情意，方言之殊端由于此，嗣乃分久而合渐归于一。又有言上古言语互通，本无同异，后人民之荡析离居者多，风气隔阻，是以各方语言亦皆不变。今试即此二说而折衷论之，如印度、欧洲之众，近已经方言家考有确据，谓是出于一族更无疑义。至谓西米底族亦与印度、欧洲诸人同出一族，则方言家以为未能考有确据，实难臆断，此论似是恐非，盖今固未有确据可证，而后又焉知不别出有可证之确据也？

印欧之众出于一族

西学略述卷三　教会

混沌开辟

万物起源各种说法

上古有人言天地万物要皆永存不毁，无始无终，是乃即物之原质微点而言，为理学家之论也。又有言天地万物皆为一全能主之所造，如犹太教、耶稣教、回教同有此论。又有言天地万物皆为天神中诸最尊天神之所造，如印度之婆罗门教所言梵天造物是也。又有言天地万物乃二神之所共造，如波斯之大袄教所言一善神理阳，一恶神理阴是也。又有言天地万物乃皆自然而生，如中国宋儒所谓万象皆本于太极是也。

主理世界真宰

昔理学家有谓天有真宰而不下主理世界者，有谓天有真宰正以下主理世界者，而世人则皆信天有真宰下主世界，然言多同异，如犹太教、耶稣教、回教诸人皆言有一独一真宰主理世界，启佑万物，赏善罚恶。复有诸多天使恭承其命惟谨。至若古希腊、罗马、印度、巴比伦、伊及等教之人则言，凡天地水风以及日月万物皆有天神分司而主理之。兹考《书》之《伊训篇》中有“上帝不常作善降祥，作不善降殃”之警，而孔圣亦复有“得罪于天，无所祷也”之答，凡此皆可与犹太诸教所言主理世界惟一独一真宰之说互相印证。 关于世界主宰诸说

鬼神

鬼神为世人之所崇信，则皆以为必有，而理学家竭精殚虑终以目不得见其状则独以为必无。然毕竟大地之众，谓无鬼神者盖寡，谓有鬼神者实多也。其言有鬼神之人，派分有二：一则如古希腊、罗马、印度等教则有定十二大天神者，有男有女，其居在天，统理万物，其他位职较卑之神更不胜数，亦皆有男有女，分理万物，凡山河动植诸物以及人身百骸，莫不有神主理。其以为天上惟有一独一尊神，余皆为其服役之诸天使恭承其命者，则犹太、火 言有鬼神派分有二

祆、耶稣、回人等教皆同此论。

神名为诗人所幻立

神名初皆得诸诗人

近泰西人有考古诸国教所言著名诸神何以均有父母、兄弟、夫妇、儿女、眷属、姻亲，井井无紊，皆俨若史中之列传然者，何耶？爰究其始，殚虑竭精，久之方悉神名初皆得诸诗人之感托，而诗人则本诸世俗之风谣，缘世人率多见夫日丽风飘云升雨降之类皆爰为幻立名字，借作歌谣也。而日之昼夜出没尤易兴感，故托言旭照为一女神名约斯者之所司。斜晖为一男神，名底多努者之所职。是男女二神相为夫妇，即此以观，则凡考稽古希腊、罗马等书，遇有言分主万物之男女诸神，概多可作如是解也。

较诸教同异

泰西创有较比一学

近百年内，泰西创有较比一学，如方言家则须旁通他国之言语，医学家则须旁通禽兽之骨体也，立行数十年，大著功效。至于教会何独不然，如教会则皆宜为别其异同，考其隆替，崇何鬼神，遵何条诫，援本证末，即委溯源，似此一学，乃由英国牛津书院近年所聘较诸方言教习德人名马斯米勒者之所发明，马公素多识梵文，而于较诸方言尤其深嗜，近日此学倡兴，固不乏相与切磋之人矣。

开教诸圣

上古各国之教，传者盖寡，殆难溯其源委。迨中古圣人出，而史书具，始能信而有征。如犹太教则以摩西创定律法、著有《创世》等记为圣人，以大卫造制诗篇为圣王，希腊教则以梭革拉底为圣人，罗马教则以前王弩玛之能创定律法、勘正祭仪为圣人，印度教则以佛之能空诸色相为圣人，波斯教则以梭都诗得为圣人，耶稣教则以耶稣乃上帝之圣子降世为救世圣主，回教则以穆罕默德为圣人。以上诸教之圣，或创定律法，明扬天理，或勘正祭仪，俾民礼神，虽去取各有不同，要皆才德出众，聪明俊伟之人也。

梭革拉底（苏格拉底）

诸教圣书

印度婆罗门教之四韦多书为最古，其书古皆口传，至中国之春秋时，印度创有文字方笔于册，竟莫知其书所自始，而彼教中人则直谓为梵天诏世之语也。犹太教之《旧约》书共分三十九卷，为摩西诸圣之所著；印度之佛书，为佛诸大弟子之所著；波斯火祆教之孙大威达书，为其国人梭都诗得之所著；希腊、罗马二教之西比利尼书多载预言，为其国许多善卜妇女之所著；耶稣教之《新约》书二十七卷，为马太、保罗诸圣徒之所著；回教之哥拉尼

四韦多书为最古

哥拉尼书即古兰经

书，为穆罕默德假托天使加伯烈言之所著。

各教所论处世之宜

教既不同所论处世之宜亦异

教既不同，故其所论处世之宜亦异。如犹太教则以万事空而又空，又言寅畏上帝，守其诫命，为世人当尽之大端。佛教则以人生于世如沉苦海，欲求彼岸，须登慈航，方入寂灭。希腊、罗马二教则以凡人之养己皆务宜耳目聪明，心身交泰，爱国皆务宜见危致死，惟命是从，至于敬畏鬼神，乃其国俗。耶稣教则以上帝创造世界，乃借以尝试世人之善恶，以为末日审判之本，而复降生圣主耶稣以善导人，而使其得离旧恶也。回教之以末日人魂皆受审判，多与耶稣教同，惟将耶稣列归诸圣，而以穆罕默德为真主之钦使。

灵魂不死

耶稣教书中所言人生之灵魂既异于身，身有时死而灵魂则无时或死，若婆罗门教之四韦多书中则未言及，而轮回之说载于佛教书中，是当中国西周时，印度始有灵魂不与人身同尽之论也。至于伊及国之古教旧言人之灵魂永生

和美耳即荷马

且受审判，迨后其教传至希腊，皆详见于和美耳之诗中，近巴比伦地方有掘获古砖者，其上刊有文字，递经多人辨识，知其时亦有灵魂永生之说，且言人之生死分界，而居

生前之身处于阳世，死后则灵魂归于阴世中矣。犹太教之《旧约》书中有生命树食之而得永生等语，耶稣教之《新约》书中言末日人复生后判定善恶，即有永乐永苦之别，尤为详尽。回教之哥拉尼书中言多本诸《旧约》《新约》，故其人亦皆深信灵魂不死之理。

六道轮回

昔希腊创著国史之希罗多都曾言轮回一说起于伊及，其论以人死则灵魂去，皆必另托他物而生，凡地、水、风三界之毛类、鳞类、羽类、诸虫之身无不遍历，迨三千年数满一周，始复得生为人云云。此论甚为古希腊创教之卜大哥拉与其时诸著名文人之所钦服，卜公尤信三千年数满一周始复得生为人之时，其姓名、亲眷、夭寿、穷通，较三千年前无毫发异，是与罗马诗人威公所言之果逐因生周而复始，皆为不得已而然者同义。伊及、印度，地隔非遥，当中国周昭王时，犹太人多有由红海驶舟往赴印度贸易，时彼地沿海习舟之诸邦皆较大于犹太，其往印度贸易者必尤繁夥，据是而言，则印度轮回之说，或即其时得闻于诸商人者耶？

轮回一说起于伊及（即埃及）

末日复生

按佛教书中，其六道轮回有诸天宫、地狱、世人、牲畜之分，而不言有末日以及众人同日复生听受审判之事。至于犹太教之《旧约》书则无轮回之说，而有长眠于地下者其数甚众，必苏而起得永生者有之，受永辱者有之等语，见于《但以理》书中，其书出当中国之战国时。而耶稣教《新约》一书则详言天地末日，人皆复生，由耶稣审判善恶，各有其报，或得永生，或得永死。若火袄教例，每届年终五日，皆为亡者之灵魂祈祷。回教书亦多言灵魂不死，待至末日同受审判也。

幽冥之神

伊及大神

古伊及国人所奉有一大神，号曰俄西利斯。相传此神曾缘怜救下民降世一次，后死复生，主治幽冥，人死灵魂要皆归其审判，彼以为善，则此人灵魂立登天堂，彼以为恶，则此人灵魂即堕地狱。若祭司肯为一恶人祝谢、祈祷，求出地狱，而得蒙此神俯允者，即从宽宥，是以亡者子孙竞辇金帛输于祭司，使为其亲求出地狱。昔摩西久居伊及，似此恶俗，当必为其习闻习见，而所创著之《创世记》诸书何以更无一字言及？意者欲警后人而反恐惑后人耶！希腊、罗马、巴比伦三国人民皆传信伊及之说，而其敬畏主治幽冥之神则别为创立名号。佛教书中则以幽冥中

阎罗王

操此审判灵魂之权者为阎罗王。而印度之婆罗门教先于佛教，而亦皆敬畏阎罗王。至若耶稣教人谓此言要为虚妄，盖无论阴阳幽明，皆统归于一独尊无二之上帝所主治也。

佛教分有南北

佛教分有南北，而无论其书之为经为律为论，率皆多异少同，如中国、日本、朝鲜、西藏诸国地方之北教中所号为观音、文殊诸大菩萨，而居于锡兰、缅甸、暹罗等处之南教则皆无此名称，且其诸寺院所奉之像止于如来及其诸大弟子与廿诸天而已。是佛教约在汉明帝前已分为二，迨李唐时佛教人皆为婆罗门教人逐出印度，故尔佛教四传所至之国，各即将其携出之经文晨昏讽诵以为功德，南教佛书尚属如来生时印度之土音，若北教佛书则与婆罗门教四韦多书之梵文同。近岁日本僧人有往赴欧洲各大书院习各技艺究正梵文者。 佛教经律多异少同

火祆教原

波斯国（即巴西国）之西北省名米太者，溯其古俗，礼拜日、月、七星与地、水、火、风以为神，而日与火尤所尊奉，其间司祭诸人概号曰马基，而七星别有七色，故其国都亦内外列城七层，而每一层城则仿涂以一星之色也。至寓大宛之波斯人梭都诗得所立之教，则除拜和摩斯达一神外，他神概皆不许其徒崇奉。当中国李唐之世，西京等处有所谓火祆教者，祆字《说文》解作胡神，又曰关中谓天为祆，是祆字与神字同义，如佛教之有廿诸天 七星七色列城七层

也。火袄乃波斯古教，当梭公改立教时，而火袄一教犹盛，故奉之者仍自不乏其人，是即佛经所谓外道拜火名火袄教者是也。迨隋唐之际，回人并有波斯国土，逐火袄教，惟时火袄教人率皆奉其圣火奔往印度地方居住，至今犹自拜日与火不衰。

犹太教

当北宋之世，犹太教人已多流寓入于中国，即今河南地方所号为“挑筋教”者是也，此盖缘《创世记》中载

雅各筋伤腿瘸之事

有雅各筋伤腿瘸之事，故其教人每食畜类必弃其大腿跟上之筋，在中国以此名教，所以自别于回教也。昔耶稣及其十二弟子皆犹太人，缘将更立新教而犹太诸民率多不从，仍皆尊奉《旧约》一书并摩西所遗祭献应行之礼。迨东汉明帝末时，罗马国人攻取耶路撒冷城，尽逐犹太教人，其人率多流离失所，而奉教之心不衰，今东西各大洲皆寓有犹太教人，建立礼拜堂，不设偶像，每值氐女胃柳之日，即群往堂中礼拜上主。

耶稣教分东西

耶稣教人所奉之《新约》一书，原本希腊文字，后其徒奉以四出，各即所至之国，依其方言文字译以示人。

耶稣一教分有东西

迨中国李唐之末，耶稣一教分有东西。凡祈祷上帝、宣传

福音，其一切之言语文字，东教则仍用希腊，西教则改用拉丁。缘时西教之主教人自谓为天下耶稣教人之首，又创立新律，凡主教及传教诸人概禁娶妇，又言圣神感人，乃兼奉圣父圣子之命而来，及有炼狱之说。东教则言圣神感人，乃惟奉圣父之命，而亦无炼狱之说。今东教盛行于俄、土、希腊、伊及诸国，而西教则盛行于法、意、奥、日之诸国也。

西教复分为二

当中国前明正德年间，西教又自分为二，缘彼时西教之罗马主教人号曰教皇，而诸国君民率多不服，言国家威柄自有国君主理，似非主教人所宜过问者。再如不许人观新、旧约书，乃言恐人误解。又言人民皆宜依从教会中之道理规模而行，无须更读圣书。时有德国人名路德者大不然之，据言圣书至正，人所宜从，若教会中之道理规模，难保尽善，此言一出，德人多甚钦服，时教皇又出有免人罪帖，而就买之者翩复可分售于众，于是路公力攻其非，倡背其命，即有多国君民和之，而起创立耶稣新教，以自异于罗马旧教，迨前明罗马旧教始入中国，而自创教名曰天主教。计今耶稣教则盛于德、英、丹、瑞等国，天主教则盛于法、意等国。

德人路德

耶稣新教

礼拜

古希腊、罗马、巴比伦、印度等教，其拜神皆立有祭司，主献祭、唱赞、祈祷诸事。至犹太教则立有祭司，职司早暮献祭于圣殿，且每七日一次礼拜，名曰安息，至日皆群聚一堂，祈祷讽诵《旧约》及诸颂主之诗，末复申以劝诫，堂中诸人之论，或即讽诵人自言，或转请他人代说。若耶稣教，兴自中国后汉之世，其安息、祈祷、讽诵、劝诫皆无改乎犹太教之旧规，惟所奉之书则多有《新约》一册，安息则移于耶稣复生之日也。自罗马人攻取耶路撒冷，圣殿残毁，犹太教人不复献祭，而唱赞、祈祷皆其教中人自为之。耶稣教原无献祭之事，每逢礼拜日，惟虔诚祈祷劝诫，泰西诸国要皆如此，益俗非浅。回教人叩拜真主之时，亦皆自诵其经，后亦申以诫人之语。

安息移于耶稣复生

西学略述卷四　文学

西诗考原

上古泰西各国，惟希腊国之文风为最盛，如格致、性理、诗赋诸学，皆自其国之所兴起，其人民昔皆分大小部落，各有君长。至中国周初时，希腊有一瞽者名曰和美 荷马史诗
耳，最长于诗，其生平著作惟时已脍炙人口，后人为之校定成集，计其大者分有上、下二部，每部各二十四卷，中皆详咏希腊国人时与邻境构兵，而希腊人多好勇，以独身挑战为能等事，虽其言多奇诡，而义皆终归于正，固未足称史，而实开作史之先，即后人之著作篇什，下而至于农歌戏剧等文皆祖之。迨和美耳殁后数百年，时小亚细亚西滨海处毗连海岛计有七城，其间人民皆争言所居之城为和美耳之故里，则和美耳之名芳可知矣。

希腊学传至罗马

赴希腊国采访律例

当中国周末时，罗马人拟设永不更易之律例，先遣人赴希腊国采访各地律例，后方将本国者定准。及汉初，罗马国日益强大，希腊文学亦传遍彼地，罗马富厚之家每家可延一希腊师长训其子弟，专门教言谈，教性理者亦不乏人，读希腊国书籍并习其诸般技艺，凡彩画、油漆、勒石、刻木、造宫室殿宇之法种种俱备，复有作诗赋、文词、弹唱、歌舞，俱以希腊国者是则是效，故于汉时罗马国诗家、史家、诸文学辈，凡大有闻望者无不奉希腊之法则为依据也。自兹以后，希腊、罗马二国之书籍传遍泰西各国，比户捧读希腊文学，藉罗马人之书大有裨益于世道也。

欧洲诗文创始《旧约》

犹太国王才识英卓

希伯来人当中国周初之际，有犹太国王名大辟者，才识英卓，兼善讽咏，其诗要多礼拜用以赞谢上帝之辞。至若义取辨论，乃别一诗派，如《约百记》，其诗共计四十二章，乃作四人辨难以推论世人遭遇祸患之所由起，首尾呼应，俨若一气呵成者。其他义多比兴，皆作夫妇相慕悦之辞，则如雅歌。若诸先知书中载有歌谣以预言后世之祸福、吉凶，几同目睹。外此又有摩西所著之《创世记》

与《出埃及》等书，并历代先知所著之列王等记，计摩西所著之《创世记》并律例等书，始而包罗天下万有以立言，末乃特就希伯来人而作论，《旧约》为泰西最古之书，故后此欧洲之诸著名诗文家率多依傍《旧约》为蓝本也，今泰西人有作如是论者。

词曲

泰西诸国，皆重词曲，而创始于希腊，缘各国人既皆爱音之娱耳，亦复欲多识前言往行畅悦心目，是以其各国各城之人民皆相率集赀建立戏场，时招致善此之人俾登台献技。其词分有二类：一为诙谐，使人发笑不禁；一为凄惋，使人堕泪而不自知也。希腊民俗尚诚，故倍觉易欣易感。凡歌优每班皆约有十数人，而科白于台前者不过三二人，馀皆分司歌与吹弹之事，其戏目如《驶海觅珍裘》《七英攻城》，皆取象古人遗迹而损益之。在希腊旧传之词曲，皆昔著名诗家所作，句之长短皆有定式，不得少有紊乱，惟时希腊人民每值会集赛跑之年，迨赛跑已毕，复公推文人所作之词曲、乐谱均臻至善者，即以冠冕加于其人之首以为宠锡，至其戏场之中台旁座皆以石雕成，今犹存遗数处，分见于其城之内外。

泰西词曲始于希腊

词分二类诙谐凄惋

口辩学

上古欧洲各国王权轻而会长权重，故时各城皆立有民会，凡遇国家将更定法律及有战争、课税、命使、通商诸大政，必先召集国人聚议，而以事理详明、辞旨条畅、极为众所钦服者之言定其行止，似此为众钦服之人固半由其才识之高卓，亦半由其能以唇舌胜人也。后人因记集此等言论编次成书，若争讼、理讼、国断、会断皆为分条别类，以供学者之揣摩，是亦文学中之一类。在昔希腊有一著名善于辩说之人名曰底莫提尼，今犹存有其最为高妙之一议论，缘其宣言于众自谓应得有荣身之冠冕，凡谓其不应得而与之敌者终皆为其所胜。嗣复有一拉丁人名基该罗者，最称善言，且此人不止长于辩说，即所著作之性理诸书亦甚繁富。

国人聚议才识高卓唇舌胜人

古今诗分有韵无韵

昔犹太、希腊、罗马诸国之诗率不押韵，非若近日泰西诗之多作韵语也。然至希腊、罗马之时，诗句长短已有定式，如和美耳及威耳吉利诸人，其诗每句分六部，每部作二节、三节不等，若第一、二、三、四诸部，其间或二长，或一长二短，尽可随意参错，至于第五部则一长二短，第六部则二长，千篇一律，不容谬误。若夫词曲中之

近日泰西诗多韵语

科白，则每句六部，每部皆一短一长，以一句言，其二节六节十节皆为歌音重顿之处。今之泰西诗人无师古者，故各国新出之诗，其格式皆多至十数，每句或八节或十节或十二节或十四节不等，而末复多协以韵，取悦人耳。

伊底罗诗

伊底罗，义近于诗之有赋，故凡咏人咏物，言景言情，以及题墓志哀诸诗，胥归此类。泰西盛行十四句之诗，而意大利与西班牙以及英人尤喜为之，如今著名于英国之牧童歌、四季诗、女师诗及礼拜六晚农夫归家之状、生民流落荒寂无人之村诸篇什，并久见重于世，外又有著名诗人米罗敦所作之忧喜二诗，尤为脍炙人口。近英国诗家名德尼逊者，遵伊底罗体成诗一部，名曰《古帝王伊底罗》，其书一出，时人即无不争以先睹为快。

泰西盛行十四句诗

哀诗原

哀诗多悼惜亡人之作，或伤情于殡殓之际，或感怀于墟墓之间，推原其始，创自希腊。其诗有定式，每句皆分五部与六部相循环，如首句六部，次句则五部，首句五部，而次句则六部也。一句五部分有上二下三，上二部之每部节数或一长二短或二长，下三部之首部为二长，其二、三部则皆二短一长。昔希腊拉丁之人多有由为哀诗而

哀诗创自希腊其诗有定式

著名者，今读其诗，率皆使人能悲能恐，能愤能慕，或长歌以当泣，或三复而兴嗟，凡勒诸墓石之诗皆取此法为之，以其感人尤易而且深也。

希腊士人奉九女神

昔希腊人敬奉鬼神中有九女，号曰慕赛，事之尤谨。相传九女为姊妹行，同居于阿伦卜斯山上，每值群神会食之时，则此九女和歌以侑之，在人间则分司文明之事。九女座皆平列，首座左执简，右把笔，主增慧于咏事诗人；二座则座前展书一卷，主增慧于作史文人；三座执笛，主骚歌；四座执剑，以葡萄叶绕首，主哀曲；五座执琴，主舞曲；六座左执琴，右持琴拨，主演谱慕悦之词；七座面作思慕色，主步虚游仙诸诗词；八座执杖，向一球作指势，主天文；九座执牧杖，戴假面具，以五加皮绕首儿，调笑诗词及牧歌皆其所主。是以泰西遇出有著名善于诗文之人，众即言其获诸慕赛之默佑，其初民皆崇信，争趋若骛，后人自悟其非，更无过而问之者，而慕赛默佑之言，今仍不废。

九女分司文明之事

闺秀诗原

当中国周室东迁之初，希腊闺秀名撒弗者，工于小诗，分有九卷，率多咏新婚并慕悦以及称赞神鬼之辞，其诗皆思致缠绵，情意真挚，易于使人兴感，允足为小诗之冠，评者咸谓其音节和平。如味之有甘，理旨条畅，如清水中鱼头之历历可数也。旧传撒弗后因爱悦一人而不见答，恚由高崖自投于水而死，然书传不载，疑好事者之所为，惟惜其诗多散失，不然则昔希腊妇女之性情装饰皆必有可征者在。 小诗之冠

论说

泰西日出之新闻纸，例皆载有论说。夫论说之出，起于上古，而自新闻纸盛行后，其著作论说者日益增多。昔希腊、罗马之人，论说甚富，惜今多散失，罕得流传。当中国前明之际，意大利国有二人均以善著论说见称于世，而法人之门但并拉伯路野亦皆善著论说。惟时复有英人名备根者，素精格致，间作论说，甚为人所推许。至国朝之康熙年间，英国著作论说之人倍盛。如亚地逊及斯底罗二人尤称巨擘，皆日作一论说出印，同新闻纸发售，人皆争购，中多论本文学而讥当时之富贵诸公粗鄙无文，闻者耻之，因而英之文风丕振，其后数十年著作论说之家别有月出一册或季出一册者。 备根即培根

野史

泰西旧传野史有韵，其作者姓名无闻，而中多上古群

雄攻取战争之事，后各国著野史者皆祖之。当中国李唐之际，回教方炽，西侵欧洲，横行肆杀，惟时所出之野史极多，凡敬信耶稣、佩十字架、战殁疆场之人，野史中皆极其称扬，兼多采列历代传教先圣之舍生卫教并爱人如己诸实事。迨近百五十年间，泰西新出之野史尤盛，当中国之嘉庆、道光年间，有英人名瓦德斯哥德者，所著野史有本据旧史增减成书者，不作奇语，皆言人逐日共见共闻之事，而其辞则要皆高妙，使人喜阅如遇，论绘画虽善画者亦皆服其精奥，人争效之，故近世所出野史无昔人惟多捏造千神百怪之习，而皆即今人之性情好尚而演述之。

泰西新出野史尤盛

长诗盛行考

自中国元、明以来，泰西各国皆竞兴长诗，无论用韵或不用韵，一遵和美耳与威耳吉利所作之旧式为准，其诗则多咏新、旧二约书之故事。当元朝之际，有一意大利人名曰丹低，深明世故，兼善立言，所著长诗一集，中分三卷，上卷《地狱》，中卷《炼狱》，下卷《天堂》，其诗皆佳，而于描写绝望人之自怨自尤如晨钟，时凡旅客舟人同得猛觉其或欣或感之情更为淋漓尽致。迨前明则有英人米勒敦著长诗十二卷，当其一、二卷告成而丧明，馀皆彼所口述而倩其二女代书之也，故其于第三卷中极赞有光明之荣美，而合上下诸卷则皆详咏亚当被逐出离乐园之事，大意言亚当犯罪出离乐园皆由于撒但，撒但本为天使，缘

丹低今译但丁

罪被逐于帝，乃聚诸被逐天使于地狱，议复此怨，嗣相与泄言于亚当、夏娃，诱使犯罪而被逐也。近泰西各国人咸重此丹低与米勒敦之诗，每一捧诵，皆不啻子之闻韶，三月不复知肉味矣。

近世词曲考

近泰西各国盛行之词曲，其原盖创始于教会。当中国唐宋朝，天主教兴于欧洲，惟时人多妆点福音书诸故事谱为词曲，以授伶人登场排演，至其中间有诙谐、哀怨等词，率皆兴自中国前明时，若西班牙人一名罗伯非加，一名加罗地伦，法人一名哥内罗，一名拉先兹，四人者皆善作哀怨、凄凉之语，而法人摩列耳则善作诙谐、嬉戏之辞。法人制曲尚本希腊古曲，旧例凡时日情形景地皆不得更易。时又有英国一最著声称之词人名曰篩斯比耳，凡所作词曲，于其人之喜怒哀乐无一不口吻逼肖，加以阅历功深，遇分谱诸善恶、尊卑尤能各尽其态，辞不费而情形毕露，如谱一失国之王，虽多忧戚而仍不失其居位时之气度也。

篩斯比耳即莎士比亚

印售新闻纸考

当中国前明之嘉靖年间，新闻纸始创自意大利国之威尼斯城，时其国尚禁印出售，惟许传抄，以一人中立朗诵，众皆环立静听，凡听者例每人出钱一枚。德国效之，乃任人印售而不禁。至天启时，英国方创立新闻纸，例每七日印售一次。嗣法国有一医士爱说新闻，每至病家，辄向病者述之，亹亹不倦，犹以难家喻而户晓也，乃将所闻见刻印出售，嗣此新闻纸之流传愈广。迨中朝康熙五十年，英始征新闻纸税，每张税银一分，嗣渐增至每张税银七分半，至道光年复减至每张税银二分，近则二十馀年新闻纸概免征税矣。按新闻纸之获利，在代登告白与出售张数之多，而其所派远赴各处探听新闻并绘图之诸人费亦甚巨。

告白今译广告

德国诗学

德国诗学近百十年间方大著名于欧洲。初，德人勒星始以诗名，兼擅词曲，迨中朝嘉庆之初，其国之世落耳与哥底皆善于诗，而世落耳尤喜描写古人忠孝义烈之事，所著词曲如铺演创立瑞士国时最著英名之威廉德勒遗迹诸书，均历历如绘，闻者莫不兴起，是以德人皆爱披读。至于哥底，素称博学，其诗虽较晚出，而名则高驾出于勒、世二人之上，当其幼时即爱习音乐、绘书、格致、方言诸文艺，长而愈精，所著之《缶斯德》一书最为著名，其大意乃托言有一少年始而癖爱博异，是究是求，嗣乃易辙改弦，终日惟恣情纵欲而沉溺于逸乐中也，哥底寿逾八十，遇后进有所函问，辄手自裁答，无少厌倦，德国文学之盛，实多出于其诱掖之功。

世落耳今译席勒

哥底今译歌德

翻译

凡人著作，要皆即其本国之言语文字而用之，故能脉络周通，辞句警炼，然天下之义理无穷而一国之载籍难备，势不得不借助于他国有益之书，又苦其方言既异，字画亦殊，故复须兼深通彼我文义之士一一译出，以公众览，但彼我文义其中龃龉难合之处实多，是以翻译所成之书皆不免有左支右绌之句也。佛教流行东土，其经皆本梵文而各即所至之地译以方言，以便使人传诵，近如耶稣教之新、旧二约，已译有方言二百馀种。凡翻译一道，首重明顺平易而不失原文之义，有言翻译皆宜谨依原文字句而不可使少有增减颠倒者，若然，则非止文理不通，亦且读难成句，至若翻译诗歌，其难尤倍。 翻译之道

评论

泰西诸国，凡书坊接有托其印售之新书，例印毕即取多本分寄送新闻纸并月报季报各局，而各局主人即以分赠所识诸文人供其披阅，受者阅毕后乃作文一篇以评论是书逐段之善否，印向新闻纸中以博众览，如评论皆谓是书纯美无疵，则书必速售，似作此评论之士多有假他人书旨以发挥其一已之心意者，近日所出之此等评论，其文笔率多高妙，言简义尽，爱读者实繁有人，是评论自居文学之一，有不可易视者矣。 新书皆有评论

理学即哲学

西学略述卷五　理学

理学分类

理学创自希腊

考理学初创自希腊，分有三类：一曰格致理学，乃明征天地万物形质之理；一曰性理学，乃明征人一身备有伦常之理；一曰论辨理学，乃明征人以言别是非之理。惟时各理学家之大著名于世者，后其徒或即以师名名学，如希腊之阿斯多底理学与伯拉多理学及由伯拉多理学所出之新伯拉多理学是也。或即以地名名学，如约年理学是也。近法国之代加德理学，德国之雷伯尼兹理学并干德理学，英国之备根理学并奈端理学，皆以人名，而苏格兰理学则以地名，至若法人弓德所立者则号曰真际理学。

奈端即牛顿

希腊七贤

当中国周朝匡、定二王之时，希腊出有七人，世称七贤，皆善理学，其首一人名他里斯，精于天文，在周匡王四年之日蚀度候皆先为他里斯测定无讹，故即治国之才而论，则他里斯无以逾彼六人，至若格致并算学，在希腊实推此他里斯为创兴之祖。他里斯常言，格致一学，须究得真实确据，方能明示于人。又言万物皆生于水，如植物之实生必中湿，惟湿能生热，可为万物皆生于水之据，是与他之言物生于火、物生于气者皆大相径庭也。又言物各有神，故能自动，如水与磁石无不皆然。考此他里斯盖约年理学派中之创首人也。 希腊七贤皆善理学

约年理学派

希腊理学先盛行于小亚细亚西滨海之约年地方，计有二百一十二年之久。惟时希腊人列居此土而以理学著名者甚多，如他里斯则以为万物皆生于水，而安那西米尼则言万物原质永存，更无限量，而要非人耳目所及觉，且物之有原质正如人之有灵魂也。至于丢几尼，则言万物得各遂其生于一大地之上，其初必有一灵性，更无限量之造物者为之位置也。而希拉革雷都则言世界为永生不死之物，为具有灵性之火，故其间万物有生有克、正反相生。又有一 先盛行于约年地方

人名曰安那西满，则直谓凡物之有生有动，皆有所受之本，此本无终无始而永存，若假以物名之，是即一无限量之物，迨后混沌开，冷热行，而天地成。嗣此百馀年又有一名阿拿撒哥拉者，言物质常存而有神有形，神纯而全，形显而顽，有形无神，则必莫能动焉。

希腊理学一变

梭格拉底（苏格拉底）

梭格拉底者，乃昔希腊最著名善于理学之人也，惟时希腊理学为之一变，计其殁于中国周安王之三年，生时在亚典城聚徒教授，惟以去伪存诚为格致之急务，其言以诚与诚合无间，彼此苟能识得诚之源头，其人自必好善，故一时浮夸之士无不遭其诋呵。又常自谓有一神时时训诲而约束之，而其所谓神者即指人之良知、良能而言也。迨其年已高迈，徒众愈繁，大犯众怒，乃相与群起而控之于官，讼言是人不奉国制应祀诸神，兼之造作新神名字以诱惑诸后生，于时众共证成其罪，饮以杯鸩而杀之，乃梭公当饮鸩之际，犹自慰其徒友，欣望来世，掷杯含笑而瞑。梭公生前不自著书，殁后其徒乃各依所闻列述多篇以行于世。

希腊理学三要

伯拉多者，乃梭格拉底之高足弟子也，文艺冠绝一时，其所著理学诸书中多托为其师与人论辨之语，大抵言理学三要：曰至诚，曰至美，曰至善，如学者果能即理而求其至诚、至美、至善之所在，则自必受益无穷。又言有一永存之神，是曰上帝，其至诚美善更非人思议所能及。伯拉多尤辩于口，且多喜即有形之美以明无形之善，善实与爱相连，缘其能达美善之蕴，故时之生徒学士无不乐闻其论说也。伯拉多著书甚富，其言人之心意、性情皆贵中和，缘天赋人以性本无少有过与不及之处，而其品第人行之书尤为精奥，后之品第人行者珍视其书，与采金人之珍视矿穴等。 理学三要

希腊理学大成

阿斯多底又为伯拉多之高弟，其解释物理之实中求是务绝虚伪较其师为尤慎，如伯公之论物凡理所必有而更无疑义者例可列入于书，而阿公则必俟物经目而理已考证详明者始载于书中。加其学博识超，于口辩、格致、经济、医算、史重、诗文并品第人行诸学皆能登堂入奥，且复自创立理辩学、无限量物学与鸟兽虫鱼学以惠后人，惟时正值马其顿国全盛，其王乃命王子名亚利散大者尊之为师。迨中国唐、宋间，阿公之名大著于欧洲全土，其书几家传而户诵矣。迨后德之路德、英之备根皆极攻诋其书之短，而阿公之名少衰。今人则多爱阅其书，名亦复盛。 阿斯多底即亚里士多德

希腊理学三英

底摩革利都今译德谟克利特

意比古路（伊壁鸠鲁）

赛挪即芝诺

昔当中国战国之际，希腊复有三特出之人皆能研明理学，创教授徒，一名底摩革利都，喜学好游，先至伊及，从师习几何算法，继而周游于印度、巴西诸国，著述甚富，年八十始返其故里。其言以万物皆具有不复可分之同式原质微点，又言物之有乃皆永有，而固不能生有也，是以天地并无混沌，亦无开辟，至于人之有识有知，其运此灵机之神，乃一小圆火点。嗣之者则名意比古路，其言以人之增识增德皆为增福，故人生能自求增福足矣。又言万物虽各虚实相半，然所本而生之原质要皆为不可复分之微点。又言天有多神而更不造物不理世界，惟优游自在而永存。继又有名赛挪者实创立斯多亚学，迨罗马而大行，为其徒者要皆致力以习其理辩、口辩及诸文学，至其论别万物，各有形有质，与此万物形质所自出之原物，而人视此万物各具有美观条理，是即上帝造物之确据。

波斯理学考

梭都诗得即波斯国人也，初创教于葱岭之西，乃当中国春秋之世，惟时波斯古教渐就废堕，彼乃一起而考修之。其言以上帝有二：一善一恶，善者理阳，名曰和摩斯达；恶者理阴，名曰亚利瞒，皆具有创造万物之能，故物莫不兼有阴阳善恶，而所赖以生者则莫重于天之四时、地之水火也。凡属和摩斯达之使者，皆欲调四时而和水火。属亚利睒之使者，皆欲毁四时而灭水火。又言光为和摩斯达之象，暗乃亚利睒之体。今拜日奉火一教，即此梭公所创立。嗣五百年波斯人摩尼乃敬奉耶稣教者，其著书训徒，虽取证于新、旧二约而仍不免有阴阳二主之说。迨后天主教祖名奥古斯典者出，乃大肆攻诋其非。

拜日奉火梭公所创

教会中理学

奥古斯典其先乃罗马国人，当中国东晋时，生于亚非利加洲，迨老方能笃信耶稣，即入教会，其言以人行善恶及所得善恶之报皆为上帝所预定，嗣此教会中人之讨论理学者一遵其说皆无异词。迨至中国赵宋时，教会愈盛于欧洲，而教会中人之留心于理学者亦愈多，计其中最著声称之人名曰亚圭那，其辨别伦常、善恶诸理之书多有可观，如言人爱上帝与人，是皆理之当然，若少存冀福之心，则非理矣。至英人敦斯哥都甚不足于此奥公，而其立论亦多与亚公大有径庭处，如凡人意见大有谬差，闻者皆不可过于苛责而遽指为违背明教也，盖其人之意见如是故作如是言，在我辈为辨正之则可，若苛责之则不可。

教会愈盛留心于理学者愈多

物序原于道序

当中国前明鼎革之际，有法国人名戴加德者，深明算术，而尤精于代数一学，当其生及十九岁时，即立志束书不复观览，独自澄心静虑，默识潜摩，欲以推明此万物始有之原，久久乃言诸行星绕日皆如急流中之盘弦。嗣其徒马伯兰什仰祖其说，而言万物之序皆本于道，夫道之有序皆上帝之所条分，若人果能爱遵此道序是谓之德，故德者即爱遵此道序之谓也，凡人行合于道序为是，而不合于道序为非，使此一人所行较彼一人尤合道序，则此一人之德为优于彼一人矣，推而极之，惟上帝之德无穷，而人之爱上帝亦宜无穷也。考马公之论如此，而其理恐有未备，何则？缘人行高下如惟以道序为衡，诚恐未足勉人于至善，夫诲人莫先于征明，善恶之悬隔永自分途与，即人之情欲而启其好善恶恶之心，方能使人有所惩劝，惜哉马公始终皆未常为之征明也。

道之有序上帝条分

世美无加

雷伯尼兹（莱尔尼茨）

昔德人雷伯尼兹精于算术兼善理学，其言以为有理者有力，凡事之宜行不宜行，皆视乎理之当然与否也，是以孳孳为善之人，其爱人爱物惟恐不及，大有如渴如饥之意，且义即智者之仁，而爱者则以他人得福为悦者也。申而言之，若能以人之乐为己乐，则所爱者博而无复少有利己之心。至于上帝之创立此世界，要皆已臻至美，更无可加，缘当开辟之初，上帝即于瞬息间造有无数杳焉无形、浑然自成之圆质点，而其间能力率各不同，是为化成万物之体，夫物莫不有此某某质点，相辅而不相挠，是皆上帝所预定，得不谓此世界已臻至美，更无可加者乎？

罗革心学考

罗革，英国人也，著有一书最为详辨，如论人心主思，而思究为何物，思之所及堪凭与否，而思所及之界限究在何处？是以乃即人心思之所及分为三类：一曰格致，乃测明有形、无形之诸物皆实如何；一曰伦常，以明夫人所当行之理；一曰言语，要皆即人之所知所学而命之之名也，或默以自识，或明以告人。嗣有名伯耳革利者，言有形之物皆本于无形，又言惟心为物，其他皆幻。至若休末，则复演此伯公之说，以为非止有形之物为幻，而宇宙间无一非幻，实不能使人得有所少据者也，考休末之为人无理不见有可疑之处。 心思所及分为三类

三能十二思范说

德人干得生当中朝之乾隆年间，缘彼有慨于时人之不虚心考稽而多自是或多旁疑也，故其立论，要皆力诋自是

之非，而明言有可疑之理，亦有决无可疑之理，爰创三能十二思范之说，三能：一觉能，一识能，一道心能也。觉者入自耳目，为思之质。识者出自心意，为思之范。夫耳目所觉之质，皆必有其处其时。至心意所识之范，要可分为十二，而复以四类统之：一独数，二众数，三全数，是为几何之类；四实，五不实，六界限，是为若何之类；七本末，八体用，九推抵二力，是为彼此之类；十能，十一有，十二不获已，是为情形之类。至若道心，则永自清明，浑然天理，是保是存，凝而为一，如以己体言即为灵魂，以外象言即为万物，以善之元长美实无极言即为上帝也。

三能

十二思范四类统之

辨行善有无求福

行善之人迹同衷异

凡诸有善行之人迹同衷异，或惟知善之当行而安行之者有之。或冀夫行善有福而勉行之者有之，夫勉行善以冀福，是其生前善行皆将视为殁后天堂之阶也。如英国人备礼尝言：行善之人为能顺上帝之旨，故理必获福于后日。非之者云：善本人性之固有，是善乃人分所当为，如君子之怀刑原非怵于刀锯而始然也。嗣有名本丹者，亦英国人，其言以人行之向善违恶者，要贵知善可益人而恶可损人，故能遏抑情欲而杰然立于天地之间矣。非之者曰：杀敌者勇往无前，缘其胆气兼优也，若谓此乃彼先逆料不力战必死，故能致命，则恐未尽然，盖使今有一极无胆气之人，当其临敌，自知必死，加之将帅励以敌忾之义，亦必无勇往之心也。

苏格兰理学

苏格兰人理得，其幼时溺于昔人谓物形皆幻等于浮泡等说，迨长乃稍闻物实非幻之理，既而知其信然，大翻前议，爰自创一从众之学。其论以人能悉此万物之形，半由目察而半由心测，至今众皆甚是此言，庸可背而别起异说耶？如目以司见，而所见者无一非物真实之形，耳以司闻，而所闻者亦无一非物真实之声也。嗣有法国人哥拉得常，教授于巴黎斯城中，大扬理得之学，其徒古桑虽于理得之学亦有会心，而尤钦服德国人干德之学，据古桑之见，以理学一道不可拘于一隅，务宜博证旁求，方为公允。后又有苏格兰人斯都瓦得，生平尊尚理得之学，亦间有为更正之处，如广集群思学而易名为考人性固有之各能力学也。至伯伦乃于理得之学大肆非诋，复为更名曰人心自觉之学。

万物之形半由目察半由心测

是非原起

人皆自知己分所应为之事，当其为之之时，是固欣欣而非多悒悒，此是非之心，中儒则谓为天所赋予，而泰西耶稣教则谓为上帝所赐者也。近斯本赛耳则言是非之原乃

是非之心

起于人，缘人皆视有福益己者为是，无福益己者为非，古今相承，是非之原起不过如是而已。如一人事皆遂心，自觉畅悦，则由耳目诸官循脑气筋而达于脑，心神获安即以征是，而反之则非矣。斯公此论，泰西人然之者盖鲜，皆以为是非本原于人之心，而辨别善恶之准也，是为福之本，非乃祸之原，何得本末倒置而竟使后来者居上耶？

理学析分为二

斯本赛耳即斯宾塞

近英国善言理学之人自应以斯本赛耳为首，如其曾将人学而确可知者与确不可知者析分为二，其所谓确可知者皆万物外见之粗质，而万物之精微则确有不可知者在也。夫万物精微本亦一物而无形无体之可见，及其化成万物皆已昭昭于人之耳目，故格致家得诸见闻而测知之。至若圣教中之所言上帝，格致学之所论原质，虽非人思力所能知能测，而要皆实有更无疑义。且万物化成既皆原于此无形可测之一物，则此一物为本而万物为末明矣。似此为本之无形一物而具有成诸有形物之能力，故其变幻无端，生育万物，夫即为本无形一物乃悉其有成诸有形物之能力，如此则已属于可测知者矣。

西学略述卷六　史学

史学考原

上古希腊无史，惟多著名演说故事之人，皆口述往古诸事，俾人听记，嗣乃有数人相继而起，创著国史，荣名至今，泰西后学仰而师之，如今中国文人之俯首于班、马也，其史例于详记希腊一国外，至与希腊邻境之敌国友邦亦略将其风土、君民诸大端备行收载。约计希腊创著国史之人，一为希罗多都，缘其曾周游多国，问政访俗，并皆征诸故老之所流传，典籍之所采录，返至希腊兼证以昔所见闻而作史九卷。一为都基底底，其史乃即当时希腊境内诸城称兵互相攻击竭虑殚精以详考其间战争诸事而作也。至若伯路大孤所著之史，则择取希腊与罗马伟人之彼此才德伯仲功业相侔者，如或皆长于治国，或皆善于治军，皆

上古希腊无史

希腊创著国史之人

两两相较，分为立传，考定优劣，以示后人。

释古文以识古史

埃及文初多象形继益以谐声

泰西文字，创于埃及，其文初多象形，继乃益以谐声，由汉以来失传，能辨识者乏人。迩来德、法、英、意四国人才辈出，广搜其石柱、石桩、石室并古墓洞所镌之古文，探讨的确，译而为西国语言者已不乏也。嘉庆年间，寻得一三种语言合璧碑，详慎对校，奉希腊国古文为依据，细察得彼二种文字之意矣，先于其国王名讳中得来呼其何等文为何等音韵之端倪，由渐而于他碑室等石面寻究得其古文意，故可渐明埃及国古昔历代帝王之事迹也。且其帝王之陵冢工程浩大，修为方形，高台叠累十重，于其陵冢之底间量度之，每面阔七十五丈，高四十八丈，此最大之一冢也，间亦有较小者，时至今日，犹存有六十馀处也。四方往观者仍不乏。

泰西诸国推埃及最古

埃及地势跨居尼禄河两岸，河水含带泥沙，岁岁漫溢淤积，致成沃腴肥壤，树艺、五谷极良，濒河之地引河水灌溉，从不得甘霖亦不形旱荒，国中以农事为本，民因之而富，国亦因之而强矣。上古文字并化学即始于其国，并精于各种操作，宫室、墓冢之雕镂石工极雅致精密。

坚信死后灵魂永存，葬死之规：以香料夹杂布匹重重裹死者遍体，冀其不致朽溃也。并谓人终之后，有一查考其言行善恶之神明以定其应居苦境应居乐地。彼国石文载者曾有人译成之一书，专论人殁后依规矩应若何经理。往古埃及全地有时分为诸国，有时合为一国，有时自专征伐、启辟疆宇，有时附庸他国、听人节制。至唐时回教人据其全地，遂至一衰不兴矣。泰西考察之家以埃及国为文学之祖、格致之原，不禁生有今昔之感也。 葬死之规

国富无常

天下万国之势，盛极必衰，乱极必治，理固然矣。如巴比伦国为古昔最富强者也，溯其致富之由，即缘其地西与欧洲毗连，东南接壤印度，来往之商贾凭其地为转运，兼以其本地人民素业织绩与炮制金银铜铁等，出售者有哈喇大呢绒锦毡毯等货，并精于琢磨宝石、玉器等事，五谷杂粮亦可转运至外国各地。由失自主权来，纵有几及千载之隆盛，终亦不能无衰也。生植嘉谷之沃土，变而为满铺茂草之荒野，林林总总之乡区，易而为冷冷落落之村墟。斯时考古之家适彼者不乏即于既倒塌之土石堆中搜取有文字之瓦砾石块，带往泰西各国博物院收存以俟识其文者，译而知其精于文学、勤于贸易以及古帝王之实事也。 巴比伦国致富之由

巴比伦古迹

上古巴比伦城规模宏大，城垣一周足百有八十里，兹时徒存若许丘墟故址矣。犹伯拉底河穿城过，四野尽平原，畴昔土脉极膏腴，农事最盛，浚若许沟洫引水灌田，文学盛行于通国，喜于卜占凭之以决未来休咎。周初时，国富兵强，乐于战争，《旧约》书由创世记至但以理载巴比伦侵犹太之事，不乏精求天文测日月星丽天度数时刻之璇玑，玉衡刻漏等器即彼国倡始制造，并定出各星宿之呼称传于各国。东周时，日辟土地，兼并接壤之若许国。至周景王时，即耶稣前五百三十八年也，为巴西国古烈王所袭取，由是见属于巴西。

文学盛行卜占休咎

非尼基人多立埠头

非尼基人经商远方

非尼基人旅居于地中海东滨推罗、西顿二城，喜经商于远方，以利巴嫩山木造船，将陆路运来之印度货载往他处，曾至各地寻矿洞，炮炼金、银、铜、铁、锡运赴他处出售。伊等并于其海中恒渔得可染紫色之鱼，并于埃及国内学来造玻璃法以传往他处，亦将文字、音乐并礼神之一应事故传至希腊。工于法制硫磺白矾，且于海外采得琥珀，复将锡与铅合兑成白铜，以土料拂拭绒呢毛货等起光泽，并配合成有造瓷器与各他等物用之土黝。伊等夜间乘船行海面，以北辰星居之方位为驾驶之准，尝道出地中海西口，至距英国近之海岛测探锡矿。于各处设立行栈，遣人寄居经理商务，凡织绩、造玻璃、书写字以及各种技艺中极嘉善之制造法，凭伊等即传遍各地也。

巴西分郡设牧

当孔子之时，巴西国与其所属之地统分为一百二十七郡，溯乎其先属于亚述，至古烈王肇兴，乃创为自主之国，并扩充其土宇直达小亚洲西海滨，凡叙利亚、犹太、巴比伦、亚述均隶其版图，东南开疆至印度，其子干布西并攻取埃及。至大利乌王分国为百有二十七郡，赋税征租之法行于通国，与希腊国构兵屡败绩，曾有一役兵数足五百万，内分步兵百有七十万，马兵八万，战舰一千二百艘，及大见辱于希腊，乃浸以衰矣。各郡所设之守牧，宛如中国各省督抚，权势亦相若。国中所行之拜日火教嗣流传至印度、蒙古以及中华，而其国则终为希腊王亚利散大所灭。

自主之国
扩充土宇

希腊国据有亚洲西南境

于亚利散大即父位为马其顿王时，希腊通国之民公恳其整师旅攻击巴西国，为报复也，亚利散大遂侵占西印度国地，亚洲之西南境，若巴西国十年中俱归其版图。希腊

希腊国人散居各处

国人散居各处，于汉张骞未至大宛之先，其国王亦希腊人，吞并国之最强大者：一叙利亚，一埃及。希腊之国制、文学、奇巧、技艺亦传于各处，其天文学、算法、理学并营造宫室之法俱传至印度，当夫彼时，印度盛行佛教，故绘画、雕刻之事即留传彼地，更延及相近之诸国。希腊兴盛历二百载，继乃为罗马国所灭，而希腊人之散处于四方服官于罗马者不乏，所习之文学、格致学诸般技艺仍传遍于各地。

一城操天下权

罗马都城

罗马都城建于耶稣降生前七百五十三年，即周平王时也，跨居低伯耳河两岸，相继为王者七人。至周敬王十一年时，遂废王不复立矣，选举二统领理国政，呼之为根苏利，惟富民贫民屡有争论。及耶稣前四百五十一年，商定律例十二款，勒之碑，树于行人孔多之宽阔处，后此罗马治国之法制禁令即奉此为依据议立者历数百年之久。与接壤邻国逞干戈，意大利国之全境由渐而均为其有矣。亚非利加洲北鄙有加耳大俄国，极强盛，罗马国曾与构兵三次，及汉景帝时罗马人克灭其城，收为己之属国，是时希腊地、叙利亚地已隶罗马版图。至汉宣帝、元帝时，并法地、英地、西班亚地、埃及地均为罗马国所统辖，至是时奥古斯都登皇帝位，地中海周围、巴西国西之各国无思不服，即《后汉书》所言四百馀城、小国数十之大秦国也。

亚洲民即居欧洲地

当耶稣降生前四百年间，有加利族人侵犯罗马地，复有德多尼族来侵，是二族人皆原生于亚洲。其间不知阅几百千年，或因接战败奔，或因饥荒乏食，纷纷西迁者有法兰革族、绥威族、撒革孙族、马哥满族、亚利马尼族、哥低族、宛大利族、阿兰族。各族人犯欧洲境时，罗马国甚强盛，深可将伊等战败，第以数百年之久来去无常。迨罗马强不及前，边防稍有未周，即有处失去土地为若辈所有矣，终至客民多于土民，散遍于欧洲各地，兹时之英人、德人、丹人、瑞典人皆其各族之后裔也。即《史记》《前汉书》《后汉书》详加校对，知哥低或即月氏庵蔡，《后汉》已改为阿兰聊，或即阿兰绥威，或即西夜撒革孙，或即塞，或即莎车，初时无何文字，无何屋宇，人皆幕处，继乃渐习希腊、罗马并诸他国之律例、文学，而造房舍，时至今日而成极富强之国矣，既为由亚洲迁往者，其亦有中国上古及周、秦、汉时之体制、礼仪否耶？

各族人犯欧洲境

海舶周览新地考原

当中国前明之成化年间，有意大利国人名哥伦布者，常走谒欧洲各国君，备言海舶东驶将往印度而中间阻有红海岸之陆地，颇费周折，地体本圆，今若转而西驶，未常不可有直达印度东岸之水程，若能以舟粮见资，浮海西行，必当有以报命，时人多不信重其言。久之至孝宗弘治五年，方得西班亚国君助以小板船三只，哥伦布自遵其素所悬揣应有新地之方，即日开行，不逾年而驶入群岛，彼以为是即印度之东岸，故至今犹相承以西印度群岛名之也，既而彼又觅获南亚美利加洲之地。按哥伦布之才智明决，要皆出人头地，故能见事不惑，创此浮海周觅新地之举。嗣复有一意大利国人驾舟沿行于南亚美利加洲之东北滨诸海处，返至欧洲向人传述，人皆嘉其精详，故即以其名名此新地曰亚美利加。若今美人所居及英属之北亚洲地，乃由英国人名加波德者之所觅获。

见事不惑浮海觅地

天主教权势盛衰始末

根斯丹典（君士坦丁）

当中国东晋之咸和五年，罗马国皇名根斯丹典者，始择筑一新城于亚、欧二洲相毗连处，即以己名名之曰根斯丹典城，而迁都之以资控制，且以耶稣所立之圣教为国教，继此嗣皇世相遵守。迨唐肃宗之世，法王伯宾奄有今意大利国之全土，而以昔罗马旧城并相与附近之地畀天主教之总教人号“巴伯”者使为世守，嗣而天主一教日益尊盛，而巴伯竟有教皇之目，权势几驾出于欧洲各国皇国王以上者。近数百年惟时非之者固多，而附之者亦众，迨今意国之君抚有意大利国境地而即罗马旧城为都，彼教皇权势大减，迥非昔比，仅得自理其教中之事而已。

古西帝大加罗

当诸族攻灭罗马之初，虽相与分居欧地，而纲纪未立。迨法兰西王大加罗乃东取今之德地，东南取今之意大利地，而西南复构兵于诸回人。嗣大加罗即西帝位，时乃天主教之教皇为之膏首祝福，权势皆与古罗马皇相侔。计加王生平杀人无算，而有治国整军之才，正定法律与民更始。缘其时民多愚蒙，加王乃为创建天主教之秀士院，又即会堂之旁设立幼塾以化育之。时居今德地之诸族人民最称凶悍，嗣此日渐驯服，皆加王循循善诱之功也。

议政院废君

昔英国君名札利斯者，尝构兵于西班亚国，爰命议政院措备军需，议院诸人答曰：兹有数事，若君能俯允，军需自可无烦圣虑。而所言数事，则首即拟贬损君权也。君怒，罢议，如是者三，而议院诸人愈形强项，君乃自行简人四出征税，不复过问议院诸人，且当开议之时，有一人言尤不逊君，亦使人拘而置之于狱，嗣此君不与议院相闻者八年。后又诏开议院，而议院诸人即控君素宠信之二臣于诸执法大员前，讯明后二臣立被斩决，惟时君乃与议院诸人治兵相攻，如是数载，而君战败，乃奔投苏格兰军中，而苏军即派人将之送还于英，于是将之监禁数年，后

贬损君权
君怒罢议

为执法大员议定其罪而斩之，而议院之权亦衰，时国家政柄尽归入于英帅哥伦威勒之手。

法国更易新政

法国更易新政历程

当中朝之乾隆五十年间，法国君纲不振，政柄下移，其王族世禄之家以及教会中操权诸人皆侵渔下民，以致赋敛烦苛，盐税尤重，而议政之院竟从封禁。民既怨诸朝贵与操教权人之困己也，而尤疾首于总揽盐税之人，乃相与群起作乱，攻杀其君与后，而朝贵并操教权诸人亦多骈首就戮，政治一新。嗣此十有一年，皆暂为民主之国。后民众又自公立一帝名曰拿波伦，素号知兵，计其在位十年，更定法律有足多者，而终一败涂地，逊位奔英时诸友邦乃公立前王之子为法君。嗣此主法国者或帝或民，时有更易，至中朝同治十二年法为德败，易为民主，相安至今。

德国帝号

当中国唐代、德二宗之际，德地皆属法兰西王大加罗管辖，迨加王之孙雷斯受有法、德诸地，实为第一创有德国之君。及雷君将死，自分其国为三，而遗命三子各君一国，乃未几三国复合为一。时德地人民不乐与法众同戴一帝，爰于法皇族中公选一人立之为帝，嗣此德帝皆由诸侯王中公推代立。至中朝嘉庆间，德为法所败时，德帝逊位归国，改称奥皇。按当赵宋太祖之时，德君得有今意大利地，遂即帝位于罗马旧都，因自号罗马皇，而称众预推定代其帝位之人曰罗马王也。至中朝同治年间，德人大败法人，德之诸侯王毕集于法京城外之一离宫内，公推布君即皇帝位，不复袭罗马皇之虚名，更号德皇，且以旌武功也。 罗马皇 罗马王

意大利开国始末

昔意大利国境内计有许多小国分居其地，当罗马崛兴时，意地之诸小国皆并于罗马。迨罗马破灭，有哥低与郎巴底二大族分据意地，后皆归于法兰西王大加罗管辖。加王死，意地亦复分裂，有割据平地数城而自立为国者，有屯聚大山谷中而自立为国者，就其中之强盛者言，则以教皇之国与挪满族所居之西西利地方称最。外此如威尼斯国、弗罗连国、日挪瓦国，皆为民主之国，而贸易特盛，时凡航海贸易多威、日二国之人，常由伊及等国之海口转贩印度及中国之货运回欧洲出售。至中朝咸丰末年，意地诸民皆欲复合为一国以自强，时其西北国君有名威多以马内利者，素有美誉，为众心之所向服，后威君渐次出兵吞噬诸国，而奄有意国之全土也。 意大利开国始末

欧人始开有南北美洲地

当前明之世，欧洲之西班亚人始觅获西印度群岛，乃未几复得今墨西哥与秘鲁等国之地。时其地土人亦有军械，惟无火器，而西班亚人火器既精，军皆竞进，故能终胜土人而攘有其地。嗣葡萄亚人随西班亚人至南洲东滨海处之伯拉西勒地方，创立堡埠。继而英人规取北洲之北境，踞为属地。而法人则规取北洲之南境，踞为属地。迨中朝乾隆年间，北洲英地人民皆不愿服役于英，乃自立为民主之国，国号曰美，推华盛顿为第一伯理玺天德，总统美政。至中朝嘉庆年间，西、葡二国属地之人民亦皆照仿美式，纷自立国，而各推一伯理玺天德总统国政也。

自立民主之国曰美

俄立国辟土原委

当中国唐宣、懿二宗之世，俄地一人名曰路利革，长于水战，曾应俄众之请戡定祸乱，因而自王于俄。迨宋太宗、真宗时，希腊教始传入俄境，举国崇奉。南宋末，蒙古崛兴，俄国为所残破，故路嗣王降列藩服与其诸侯王皆服属于蒙古主也。至中国之前明中叶，俄众始将蒙古人尽逐出境，仍立故路王嗣子为主，定都于磨斯瓜城，治律讲武，上下相安。后其嗣王不理政事，万机废弛，终为波兰国人所虏，惟时俄众乃公推一罗马挪族人名米加勒者为

磨斯瓜即莫斯科

君，方将波兰暨瑞典二国兵众尽逐出境。迨米君孙彼得第一，内则习兵训艺，外则开埠通商，俄日以强，于是始蚕食邻国，西灭波兰，西北攻取瑞典境地，南侵土耳其，东尽收有亚细亚洲极北边土，遂称雄国。近年俄皇为叛人以最毒之药火轰崩，太子亚利第三嗣立，日夜勤忧，惟以安民为务，在位二年，方始备礼登极，民情欣戴，可冀为一令德之君也。

欧人航海通商立埠

立国之道

凡立国之道，贸易愈盛则技艺愈精，人民愈众，保大丰财不外乎此。当中国唐、宋之世，回人于亚细亚与亚非利加二洲滨海地方及他处皆立埠通商，兼俾土人习学新艺。迨前明中叶，忽有欧洲人出于回人不意，起而与之争为雄长者，乃今之葡萄亚也。时葡人沿亚非利加洲西滨海诸处直至印度及南洋群岛在在立埠通商，讲习新艺，遇有理事回官梗命，即逐出境。而西班亚则逾越美洲以得有吕宋群岛，通商立埠。和兰则分割南洋群岛与印度南之西兰地方以及非洲之南滨海角处，立埠通商。嗣此英、法二国之人皆驾船驶至印度，建立堡埠，置兵守卫。今则印度全地附于英者已几十之九矣。

拿波伦成败始末

善战之人推拿波仑

历考法人立国以来，其号称善战之人则推拿波伦为巨擘。当法国改为民主之时，而拿公始得渐操兵柄。后法军屡败奥军于意大利境内，据有意大利北鄙地，时拿公二十八岁，实总其任。嗣复统军驻于伊及与叙里亚二国地，将欲进取印度诸国，不意其战舰为英国战舰沉毁，拿公知难而退，收军返国，于是法众欣戴，奉以为主。继又胜奥师于马伦哥城。迨中朝之嘉庆八年，拿公始即帝位，惟时天主教之教皇亲为祝冕。后一年复伐奥，大获全胜，时奥、俄连兵御法，故俄人亦败。又二年复战胜布国。后列国同仇，合兵敌法，大破法军，时拿公不复为法众所容，自投于英，英人放之于赤道南一小岛上，六年而死。

英人获有奥洲全土

当中朝乾隆年间，英人古革奉命驾船驶至奥大利亚洲。沿洲查视，嗣知其地广且腴，物阜材多，爰即耳目之所闻见详为图说，返棹回呈于英国君主，于是英众咸争挐舟而往，猎物取材，得利颇厚。嗣复知其地多金矿，去者愈夥。后英国议政院议将减死之犯发往奥洲以实其地，乃缘民情弗悦，罢而不行。迨中朝道光年，四处赴奥掘金之人较初开矿时众逾十倍，贸易日畅，英人因即其地划分数

赴奥掘金众逾十倍

省，每省皆立有议政院，时英方失北亚美利加之北境属地，而适获有此奥大利亚地，亦足以相补。

英文诸史

英文著史杰出者多

凡以英文著史之人，计其间之杰出者甚多，如英人休摩所著《英史》，则叙载清真，兼之雅正。基本所著《后罗马史》，则器度雍容，亦复华丽。近又有马高来者，其所著之后英史，则字句警炼，几于突逾前人矣。至于美人，则贝斯哥德著有西班亚初定今墨西哥与秘鲁二国地记，班哥罗夫著有美史，摩德利著有和兰开国记，皆能详明通博，不愧作家。兹考摩、班二公所著之史，概于民主之国三复其政治焉。

西学略述卷七　格致

天文

近泰西诸天文家以时人多误谓大地块然不动而日月星皆绕地自东而西运行于天，至若日月之蚀、彗星之现即妄意其为示人以灾祥也，故竭力发明地球恒自向东旋运，每自转一周以成昼夜，绕日一周以成年，而地行轨道适当日月之间则月蚀，如月行轨道适当日地之间而日蚀也。彗星计有二类：一绕日如行星，可测知，其嗣逾几多年而复见；一离日行去，则莫知其能复回与否矣。是皆略无关乎人事之吉凶。泰西当中国前明之世，始创有千里镜，惟时各国天文家之知识骤增，如绕诸行星之月有多寡皆能了然见于目前。近日窥天之器愈精，又有一至精奇器，可窥取日与恒星之诸色象及其中别有数十道黑线高下不一横列于

彗星二类

千里镜

其间，此每一黑线即其中之一气质显示于人也。天文家之所考所证日进如此，岂非好学文人所乐而闻之者哉？

质学

质学乃论物之质与性，为格致中最要之一学，如论力有摄引力、黏合力以及性异之物合而为一之力，又有助力诸器，如天平与举重杆皆是也。又论定质缘何因热而幻为流质、气质以及物动历时久暂，并物颤而音分有宫、商、角、徵、羽其所以然之理，又论物之所以有冷有热、有光有电之故，此学当教授生徒时所需奇器如助力诸器以及寒暑风雨之表，吸水运风之具，皆不一而足。 质学为格致之要学

地学

近日泰西诸国之格致学要皆精益求精，蒸蒸日上，如考地壳面之土石损益成毁，大胜往昔。缘今地学家考此地壳面土石以今证古，如即近日火山出火之形状而究其流液诸质当上古所成为何类之石层，即近日雨、雪、冰雹之剥蚀而究其顺河淤下诸质当上古所成为何类之石层，扩类以求，则上下千万年间地面所有之诸石层皆不难明其所自成也。复即沿海诸滩察其上下有渐高渐低之别，与间缘地震其土石开裂或陷或凸，可悟此小大岛洲其初高出海面与前诸洲岛复沦于海亦必如是。又如诸石层中间现有鸟、兽、 地学家考壳面土石以今证古

虫、鱼、草木等迹，昔人多相与惊怪，以为天所生成，今经格致家考知，是皆当石初孕时所杂于其中之物石成而迹不泯，原非奇异，世人亦可自释其疑矣。

动物学

泰西昔人之论动物，共为列作飞、走、虫、鱼四类，理有未惬，今人亦为分四类，则皆即动物质体而言，如狗、虾、蜗牛、海燕是已。凡验此四类，其脑气筋皆与其质体并重，缘动物之闻见、生育、饮食、呼吸均归本于脑气筋也。四类：一为有脊骨者，如狗，而人、兽、禽、鱼统括于中，是皆质体多双，左右分列，其脑气筋率皆极细极繁，上下充盈于首及脊骨之内；一为可节分者，如虾，而蜂、蝇、蝎、虱统括于中，是皆肢分多节，前后联属，其脑气筋率皆作诸小团，始作两行，后则合如一线，而不及第一类者之细繁也；一为柔体者，有有壳、无壳之分，如蜗牛之与蚂蟥，其脑气筋率皆作数小团，或数小线；一为有生命而无知识者，如海燕，是更无脑气筋而质体率若轮辐。普天之下，盖无出此四类外之动物。

分为四类无出其外

金石学

金石、泥沙等类，均宜依化学家法分试，其或为一原质之所成者，或为几原质相合而成者，外此兼宜悉为何性、何状。昔格致家为之分类，立有多名，如土类、盐类、燃类、金类等类。今则共分七质：一气质，要惟轻硝二气居多；一水质；一炭并含有炭之质；一硫磺质；一反酸与土或与某类强水合成之盐质；一土石质；一金质。大地万物，其体皆不出于此七质所合成，而金石家即物体以察其质，皆分有无定棱与状同，罗网或轮辐，以及点点如列星，层层如积纸，并别有如筋、如线、如球、如内肾、如乳头之别。至于诸种光色亦各有异，如金之光色不同于玻璃珠之光色，不同于丝及金刚石也。 大地万物不出七质

电学

凡物之质体内，莫不皆有电气，而或隐或现，率各不同。近中朝乾隆年间，美国人名弗兰革林者，始创立此一学。电气之生，率分多类：有二物相磨而生之电，有二性异金类合化而生之电，有加热于红铜与倭铅等金而生之电，有磁石自生分有南北之电。至于动物体中，有内含电气盛者，触物即发，如雷鱼、雷鳝之类，尤为显著。近格致家有言光、热、电三者皆缘于一最精之气摇颤而生，然尚未得其确据，惟考明诸电爆取星星之火均同无异，而有人收发雷鱼之电，试得其有能将一水分为轻、养二气之功用。 物质体内皆有电气

化学

化学之要

化学之要，首以详究诸物内皆有几多原质，并其原质之各分数多寡，以及物与其诸原质之性何若，并诸原质相合、相离之性又皆何若也，是以地壳面上无论为动、为植、为石、为土，皆为设法依式测验，如水须识其中之热减至何度而成冰，加至何度而成气。当中朝乾隆年间，英人加芬底矢始知有轻气，迨伯理斯理嗣复查获养、硝、炭强三气，而养气实缘伯公多加热于丹砂，见其气起有异，因而收于器内，详细查验以告于人。后有法人名曰拉非泄，复创查获养、硝、炭强三气相合成风，而金刚石与炭同质，亦此拉公所创查获者。

天气学

天气学

凡风、雨、霜、露、雹、雪、虹、电，皆为天气幻成之形，天气寒暑而涨缩疏密及压力增减，均一与其中之硝、养诸气无异。计周此地球之天气，其厚有百二十里或百五十里不等，天气动即成风，风亦有溜，若值寒暑有定之处，而是风是溜亦自有定。至水气结而为云，云逐风飞，为热所致。日光经历空气，遵曲线导下至地面，缘天气上下诸层有疏有密，日光透过，处处皆有微差。至若日初出与欲没时，其体大而光敛者，乃日体上下界边处之光差不同，所遵曲线愈甚不能平入于人目也。迨午则其体反小而光明者，乃缘其直入人目，空气较薄而作曲线少也。每届日暮，野花争艳，黄、红、紫、绿诸色异样鲜新，是皆日中白光所含有之诸色，缘值光差而现者也。

光学

借光学制千里镜

自奈端查获回光及光差诸理，爰立光学。嗣而藉其光学之功，复更制一至精之千里镜，考千里镜，则当中国前明万历初年，英人与和兰人皆已有用之者，究未悉创始于何人。迨万历三十七年，意大利人加利略闻他国造有千里镜，遂师心自用，创制一具，以铅为筒，筒之本末两端各置一镜，本端为映大镜，末端为取像镜，使之遥遥相照，加公以此镜即于是年测得木星环有四月及土星上有一光带。昔人以光为无质之物，近有英人雍姓言光质为气流，有层波如水，其行极速，无能与之比拟者，诸格致家皆以其言为信然。又有丹国人罗美耳，查得光每分时行三千万里，是日光下射八分时，即至此地球面上。

重学

亚奇默德（阿基米德）

当中国秦政之世，希腊人亚奇默德创立重学，缘亚公以一处处停匀之杆置当其中倚点处，嗣复权取重无少差之二物分悬于杆之两端，而其相离中倚点处远近如一则杆平

重学即力学

且静，更不少见有欹动处，重学之理，实推亚公一杆为先着鞭者。时西西利国滨海建都，与邻国构怨相攻，邻国遣兵驾巨舟进逼城下，人皆汹惧，王命亚公制械抵御，亚公乃依重学之法制大铁钩一具，钩取敌船，举而覆之，由是亚公重学之名大著。迨前明时，意人加利略考得物当由高坠下历几分时至几多里数，是缘地之吸力所得速率。至于考获两物相撞之理者，为英人瓦利斯。考获时辰钟摆左右动摇之摆线理者，为和兰人海根斯。考获抛物并水与液质流动以及物相摄引力之理者，为英人奈端。

流质重学

流质重学（流体力学）

创立重学之希腊人亚奇默德，复考流质重学，著有一书，内言如盛水器中其从各方向来压于各点之力相等时，水必静而不动。迨中国前明崇祯末年，意人多利遮里乃潜究水何以能沿吸水管而上行，因得缘吸水管中风气先经人以法取去，其间水面既无压力阻碍，而管之四外井水皆有风气下压，管中之水自必有上行不止之势，外此风雨表亦是多公之所创制。嗣而英人奈端考究诸他质物游行于流质内有何隔阻之理，法人巴斯加勒创制压柜，以一斤之力能起举四百斤之物，其法亦由流质压力各点相等而悟出者。

气质重学

意大利国之弗罗连城，当中国前明崇祯年间，立一格致会，其会中人查有气质缘热加涨之说，继遵是说而创制寒暑表。至中朝顺治之世，英人拜勒与法人马略德同测获寒暑无变之时其风气疏密与压力有恒比例。迨康熙末年，泰西人造有水气引水及诸用水气之他器。而物动于风气中皆有何阻碍，其确数则为奈端所查获。嗣又有人查获火药经燃其内诸气质之体涨较大于原体三百倍。当乾隆三十四年，英人瓦得始创制以水气运机之器。嘉、道之间，复有人查获水气涨力共几何数。今则铁路周通，轮船遍海，耕织之繁多，藉机器以倍其利，可知气质重学，为益非细。

寒暑表

身体学

泰西考究身体一学分二大类：一曰阿那多米，译言剖截，乃割裂死物肢体，详察其内外筋骨、皮肉、脏腑、经络并脑气筋等质之形状；一曰非西由罗机，译言生物之学，乃论呼吸出入、气血周流并饮食辅养之所宜。至若阿那多米又自分三小类：一分究周身之各肢体，如手、足、胸、腹等处，皆为详细解明；一合究周身之或汁、或筋、或骨，如乳汁、胆汁、脆骨津核与血等类，皆为详细解明；一身有疾病，以上所言之肢体汁筋与骨或有变异于

阿那多米即解剖学

常，皆为详细解明。

较动物体学

动物体学以人为本，乃医学家之要务，则较动物体一学，乃备查取人身诸体，遇有难解之处，尽可即诸物体而比较之，以征明其理，动物种类数万，皆宜互较其身体而考定之也。近代有法国人名举非也者，研精此学，最著名于泰西诸国，所谓即动物质体为分四类，实此举公所创始，举公详考古石中动物遗迹与今动物质体之同异，又即是石中遗迹而常谓造化主之造物要皆有序，今考最古之石无物遗迹可见，迨考次于此者方见有植物遗迹，至动物遗迹之见于石中者较晚于植物。然动物之生亦自有序，柔体之物如蜗牛、蚂蟥等类其生最先，次生爬虫鳞介，如龟、蛇、鱼、鳄等类，又次生飞禽走兽，末乃生人。

举非也今译居维叶

身理学

瑞士国人哈勒耳，其生当中朝康熙年间，甚非前诸医士，惟以重、化二学明人身中之理，爰自创立身理学以发诸前人所未发，如言生物之生则有，死则无者，其至理有二：一有知觉，一能舒缩，而知觉为脑气筋之所司，舒缩乃肌肉之所职，脑气筋之无舒缩，犹肌肉之无知识也。且生物一体内外其舒缩久暂各有不同，如人心左下房其间肉

身理学发前人未发

壁舒缩历时最久，次则膈膜与肠，至助人行、立、坐、卧之肌皆上统于脑气筋而退听其命，是以舒缩皆暂而不能久，且血无论行于经络与心，其运力不上统于脑气筋而常散居于舒缩肌肉，故凡生物虽已沉睡，其若心、若膈膜舒缩仍自如常。哈公之论如此，是以今日身理一学考取益精，而要皆以哈公之论为之发端。

植物学

当中国前明中叶，侨寓英京之和兰国人罗贝勒首创有《草木原委类分》一书。至前明鼎革时，英人格路复创以显微镜窥分植物枝干内之经络质体以及其花之为雄为雌。迨中朝康熙年间，英人赖氏乃即草木实中之仁双、仁单以及永不着花三类共成《植物纲目》一书。若瑞典人邻奈，专心动、植、金石等学，皆逐一详为分类，虽引证渊博，实人罕及，而亦多见偏之处，如其论辨植物，惟准草木花中须数多寡以之分类，是大不然，凡植物皆宜即其根株、皮干、枝叶、花实详考异同，方可为之分类。嗣有法人如秀遵上赖公之说，著《本植物原性纲目》一书，此本植物原性之理今世盛行，而中多与邻公之言相反。后又有德人哥底，素善于诗，常著书言花之有须有瓣皆为其叶之所化，始而人莫之信，久乃服其精确。

哥底今译歌德

医学

泰西医学 创自伊及

泰西医学，创自伊及，惟多取吐及攻下之剂，且以头、目、牙、腹并不外现之症分为五科。希腊医学亦先本师法于伊及，时其国人哀斯古拉伯以善医名，迨死，民多谓其成神，相与出资建祠，而以其子若孙主司祠事，世世为医，凡人有病至哀公祠内，而其后人即视病者症之重轻付以药饵。然平心而论，希腊医士实应推希波拉底为巨擘，希公生当中国春秋末时，其所著遗之书计七十有二册，今则放失者多，如其《医学箴言》一书，古今为之注释者共一百三十七家，其法针炙兼施，不惜流血。至中国西汉时，亚利散太地方之医士始创行剖截死人肢体以便详察。而中国唐、宋间，则回教人医学之精闻于天下。今医家新学之所盛行，盖缘中国前明末时英人哈斐测得人身血脉顷刻间皆已周行全体之确据故也。

几何原本学

勾股三角

此学为希腊人所创立，如他利斯与布大哥拉皆精此学，乃古今人所共推仰，传言布公初求得勾股三角形，其体三边分长三尺、四尺、五尺，假向三边以上各立一方，则二小方必与一大方相等。惟时自谓得有神助，遂杀百牛而献祭焉，嗣是求此学者日众，法愈精微。至耶稣未生之前三百年，有希腊人名曰欧吉利德，所著《几何原本》一书，计分有十五卷，后亡其末二卷，今是书之十四、十五二卷乃后人所续补也。此书首卷为凡例、为共论、为界说、为三角形，二卷为方，三卷为圆，四卷为圆与各边形内外相切，五卷为比例，以下诸卷各有指归，欲悉其详，原书俱在，是为泰西诸国学徒必读之书，缘无论天文、动、植、制造、武备诸学，要皆须此《几何原本》一书以为之助。

《几何原本》必读之书

算学

近泰西笔算率多以号字志数，其法自左而右，一一横书，十则于一字号末加一"〇"，百则于一字号末加二"〇〇"，盈千累万，以次递加，如号字六七即六十七，二〇即二十，三〇七即三百零七也。此与中国之珠算同理，昔德人雷本尼曾言，有入居中朝北京之传教人与之函论中国之八卦即中国上古之算数号字。泰西自创有代数，算学大盛，嗣而微分与积分继出，尤极精妙，然入算塾习算之诸生徒亦皆必兼习经商所需之算术。所可慨者，天下万国度量衡之长短、多少、轻重各有不同，算术因之亦各有异，若能万国衷于一是，可免如今算术之繁。

与中国之珠算同理

代数学

英人棣么甘著有代数一学，近英之伟烈亚力译以华文，兼作一序弁于卷首。考当中国六朝时，希腊人丢番都以此学名世，而印度人亦多精于此学者，然究未识或希腊或印度之所创始，惟印度代数实善于希腊。今泰西各国所行之号数字、右行横书、十百千万号皆同一，是亦创自印度人也。至泰西代数一学，乃天方国人穆罕遍谟撒得自印度传布欧洲，西人习便，流行至今。迨中国前明嘉靖末，法人肥乙大始创定以字代数，嗣而代数一学日益精微，凡欲习此学者须先明加减乘除方可指示，欲习微分或积分等学者又须先明此学以次进求。此学初入中国名曰借根方，后伟烈氏译华文时，与华士李善兰酌商，因更名之曰代数学。

初入中国名借根方

历学

犹太名博学士概曰拉比，昔犹太国历由拉比考定者，乃本《旧约》书而上溯创造天地之年纪为历首。若罗马都城建于中国周平王十九年，而罗马国人则即以是年纪为历首。其希腊国俗，每四年群集赛跑一次，因纪为历，是则始于中国周幽王之六年。至若敬信耶稣之诸国，自中国汉、晋以至于今，率皆以耶稣降生之年纪为历首。夫历学之设，原备取便于农民，而有识之士则言各国纪历无不农商两便，缘登列帐簿非年月日无以别其先后。历学之难，惟在日月行有迟速之不齐，而泰西各国之历，一本节气而不本于月之朔望，如夏至必居于六月之二十一日，冬至必居于十二月之二十一日，计四年仅闰一日，中国则五年有闰月二，似于官禄民租皆有未甚便者在也。 各国纪历农商两便

稽古学

泰西稽古一学，乃即昔人遗迹以考其时之风俗、体制，如中国以鉴别钟鼎、石鼓等类为博古是也。前时稽古之士惟考希腊与诸罗马，近则人皆殚力竭思以广稽各国洪荒之世，如犹太地之西南有古时以色列民出伊及所经之红海，近有法人掘获《旧约》书中所载昔法老苦役以色列民所筑兰塞一邑之旧基，其间之断石残砖犹刻有法老名字依稀可辨。自中朝道光年间，旧罗马地方立有一稽古公会，既而各国诸城多仿行之者，其会每岁定期群集某处，或数十人或数百人不等，至时中推数人，将其处某某往古遗迹皆为文句读俾人听，继乃结伴分觅，乐而忘疲，是学之益，一以使己之识见日有加增，一以使古迹流传不至泯灭。 广稽各国洪荒之地

风俗学

风俗学之创制缘由

风俗一学，乃近泰西格致家所草创，原以备征诸荒岛穷边，其间土人更无文字、书契，莫识其始者，皆可即其风俗而较定其源流也。此学起于好游之人，或传教之士，深入荒岛，远至穷遽，见有人民衣食皆异，兼之言语难通，无缘谘访，似此日记既富，要皆返国印售，格致家取而为之互参慎选，勒部成书，皆各即其婚食丧祭讳算起居以测定其或为今盛于昔，或为昔盛于今。如算十为盈数，人所习知，乃竟有以七或五与六为盈数者，然皆宜究其前人有以十为盈数否也。近英人鲁伯格与戴乐耳皆喜查访，此学大著声称。

西学略述卷八　经济

富国

当中朝乾隆年间，英人斯米得为苏格兰地方书院中之性理教习，著有一书，内专详论富国之本，甚为时人所称许。盖昔人论富国之原，或言多聚货财，或言广辟土地，而斯公概以为非，而惟以民勤工作为富国之本，其言曰：国俗尚勤，复多机巧，凡有碍于商贾之政，国家皆为铲削无遗，如是必器物坚好，贸易流通，将不求富而自富也。又言：富亦非多金银之谓，凡人生之不可缺者若能民皆家给户足是即富国，凡君相率宜听民自谋生财之道，莫为遏止，而国家利在通商，切不可禁闭口埠以自囿，倘违以上诸言，则其国所受之损恐非鲜浅。

斯公以民勤工作为富国之本

租赋

租赋之要端有六

国用之出，由于租赋，而其要端有六，皆为君相者所宜留心也：一国用分民贫富取之于民，民宜欣供而不怨，民财要皆资保于国，国宜竭力而无疑；二应征租赋之数、责完租赋之时，概有定章，俾民遵守，不可月更岁改，以致纷纭；三责纳租赋，宜择农隙，随到随收，银钱两便；四富国富民，最患中饱，报官输库，经费宜少；五租税之公，宜先除其本后乃计其所得之利，百分中定取几分；六国用惟倚租赋恐有不足，别自立税征商亦无不可，然以合于舆情、使民由之而不知之，方为贵也。再，凡民日用不可缺之货宜少征税，如麦如盐，非民日用不可缺之货宜货征税，如烟如酒。

英征麦税始末

昔年英国诸麦皆严禁出口，恐民食之不足也，不禁进口，谓可以平麦价也。嗣后民间机杼日盛，百货兴隆，工匠诸人均获大利，而麦价如常，农多失望，相与群诉于议政院，请严禁他国麦艘进口，庶俾英农自擅其利，惟时议政院允如所请，出示禁麦进口。考三百年前，英议政院有人言英地麦价昂贵，而利则多见夺于贩麦之商，爰拟章程：诸城人皆自食其地所产之麦，凡未给与准其贩麦执照者皆不许运出所居城之四境。后又为麦酌定一极昂之价，倘尚未逾此价额，则概不许由他国来之麦艘入口。迨中朝道光十年，议政院又以麦价必俟逾此额，所伤实多，爰定入口麦税十九等，每麦一石价值银十两以下例皆税银四两，麦价递增，税银递减，若迨每麦一石价值银十八两时，则例仅税银五钱。今则粮商运货进英口岸，无论米麦，更无纳税之说，是盖始于中朝道光之二十六年也。

英征百货税则

当中国前明末时，英之国用不足，议政院建言征收本境所酿梨、麦、苹果、诸酒税，民多不悦，意谓此皆土产，又属本境自酿，非运自他境者比，今乃一体征税，是国家显视己国之民与邻国民等。而议政院则有人谓：凡自他国运载进口之酒，例皆征税，而本境民所自酿者即不征税，亦必不自少减其价，其酒既与进口者同价，则税宜与进口者同征，否则恐业免征于民之他税，乃缘国用不足，势必复征，民仍不得沾国实惠。又有人言：本国征税于酿酒等处，如使吏往征，则恐吏惧，有损于国，将禁其业主更用新法，而大有害于业主也。迨中朝道光年间，始除免糖与玻璃、胰皂、砖瓦等税，所征者惟造麦酒之料并烧酒与纸而已。后又拟定无论何人欲贩烟酒等类计有二十种，皆须预行报明，请有执照方许开设，每年按其生意赢绌分别征税。

征税与否各方意见

富民

生民致富
其术有四

生民致富，其术有四：一曰分工作，各执一艺，心意精专，积久生巧，时省工倍；二曰裕资本，资本既裕，佣人自多，如是则不难分工执艺，兼创应用新巧机器，器灵工精，而货价反廉于旧，其售必速，佣人执器，既利货必易成，货成愈多，佣值必倍，货售既速，佣人愈多；三曰广贸易，远近货物，有无易通，如英国较寒不宜酿造葡萄酒，故皆购运于法及西班亚等国，而棉布惟英之工精价廉，他国人皆乐于购取；四曰运货宜速，运费宜省，运速费省，货值必平，商易出售，民易收买，商民皆利，国亦易饶，如中国北京民皆以煤代薪，而煤价昂贵，真可号为乌金，其弊即由如三枚钱之实煤须七枚钱之运费。

国债

创设银局
贷银于民

当中国南宋之宝祐五年，意大利地方之据有威尼斯城之某统领，缘构兵希腊，国用不足，因创设银局，贷银于民，押付执照，照内注明每银百两按年付息银四两，其执照兼听原主转售，此泰西国贷民债付息之始，惟时出贷国债之诸富民公立一官银号，通行银票，有携轻之便，无平兑之烦，有益无碍，商民赖之。此官银号立逾六百馀载，直至中国嘉庆二年威尼斯国为法人所灭，始行闭歇。若英国官设银局创始于中朝康熙之三十三年，亦缘国用不足，税弊百端，惟时国贷民银四百八十万两，每百两按年付息八两，局费每年一万二千两，亦由国家措付官银号备办银票，公出公入，盛行至今。

钱制

上古聚货为市，以有易无，金、银、铜皆为货一体交易，更无等差。中古始次其贵贱别为三品，又嫌有轻重、真伪之烦，爰分铸制为钱，专备交易。各国钱体多圆，面印圆样，并或载明铸成之年，皆颁自官例，禁私铸。凡持钱买物，价值大者以金论，次者以银论，末者以铜论，若价值极巨则论以金、银等票。计自中国前明时，泰西人民多赴南、北亚美利加二洲开采金银，逐年运回欧洲。至中朝道、咸年间，复觅获美国金山及奥洲新地，其间金矿尤旺，欧洲亦因之而金愈多，然此上下三百年而欧洲金银价值终未见有甚廉之时者，何耶？盖缘金银既富，贸易愈充，业大费多，理无足怪。 钱体多圆

河防

防河之道，宜先即河之上游旁凿湖池以资蓄泄而杀其势，如瑞士国南皆重冈复岭河水下流异常迅速而从无淹没之患者，乃缘有五六大湖分列于冈岭东西与北，若中国长 防河之道

江上下之有洞庭、鄱阳等湖为之蓄泄，此治河者所宜师也。计法有七人皆专即旁开湖池以备水之蓄泄，立论最为擅名于世。至于建筑河堤，固宜坚厚以备河流冲突，而堤上尤宜使人通行无碍，兼备木桩薪苇及防堵塞水孔料物。凡相筑岁常漫溢之河堤，其术大抵有二：一逼近河身兴筑，计至水涨及极高度亦不能逾而止，是乃河岸面狭脚坚处宜筑之堤也；一远离河身兴筑，以少泄河陡涨猛触之势，是乃河岸面阔脚松处宜筑之堤也。有治水责者，尚慎即此二者而变通以行之可也。计泰西诸国，其筑堤防河之术，首以德、法、和兰三国为至善。（近则美国人之治其米西西比河也，其河道之折曲者数处，皆深通掘其底使归于直，两岸夹筑坚堤，俾束河身，使窄河流自疾，以较前此治河诸法尤善，是以其国人咸谓以此法治河实为得要。然考二十年前，英人治大奴比河口亦以此法。

筑常漫堤其术有二

海防

滨海崖石，其属于华刚等类者质性皆坚，然海潮时至，巨浪排冲，其崖石亦不免日有损剥，是宜外以坚石筑壁，壁下别砌一状若一靴之曲堤，而计其长逾其高四十倍，似此堤顶尤宜铺以坚石，兼开有通水之沟以资捍御。至若一秒时行迨七丈与涌逾高矶计上至十五丈之巨涛，则其来水之多、力之猛，皆非人之所能测度，犹幸凡有此巨涛之处，其沿岸上下崖石质皆坚实。至于岸根石脚恒苦于退浪剥削，护此之道，宜测其间水力大小重筑一与下滩漫接之卧堤可免此患，假使滨海崖石松脆，则别有卫之之法在，若滨海为土，亦可护以土堤，斜正狭阔，一皆相势兴筑。

法国经济始末

当中朝康熙初年，法之户部大臣哥罗伯耳，有富国以贸易为本之论，故其为政首重保安本国诸商。嗣有医员该斯奈睹其国之民生穷困、赋税无常也，爰论著一书讽诸当道，欲使永除内地省界之征，且听谷麦贩行本国各地而勿禁。迨其殁后数年，法大臣都耳哥竟除内地省界税额并罢禁谷麦贩行本国各地之条。考该公所著书内，要皆不外乎垦土为生财之本，而以商人经营自肥无益于国，又分国之人民列为三类：一庄头并治田佣人，所以耕收谷麦；二地主；三工匠及诸仆夫之属，所食谷麦皆出于庄头及诸治田佣人，如果地辟农勤即地征租，国用自足。时法众皆是其论，故有履勘地亩之事。今详该公意在重农轻商，欲富其民而先忽除货物出入口岸之利柄，其失显然易见。迨中朝嘉庆时，法人赛者弼本英人斯米得所著之书，言贸易随时盈缩之故，其论一畅，而该氏之学中衰。

医员著书讽诸当道

意国经济始末

考意大利人，当中朝康、雍之际，其以经济素裕自命

各种著述论意经济

者所论皆同于法，即中一人名曰非利，常论米兰一城计曾属西班亚辖理者二百年，惟时市井率多凋弊，盖缘西班亚人立法未善而条例多偏也，嗣非公自著一书，内极言谷麦贩行各地不税之便。嗣有名法斯哥者著有一书，以究论如何可免国有乞丐。后又有加拉角利，著书言西西利一岛昔素号称腴壤，当罗马立国时，此岛固有罗马老仓之目，今所出竟不敷本地之民食也何故，欲救其敝，宜以除谷麦贩行本境各地之禁为首，至于并准载运出口与否，是在执政诸人随时酌办。若近日意人觉亚则言国家宜修治路途以便行旅，分立法司以省讼费，创建大公书院，多集书史，纵人入览勿禁，以及博物、植、医诸学皆须加意整顿，嘉惠学者。

筑路

昔罗马人所筑之路，及今越三千年，尚有数处如常完好，通行无碍，则当时工作之坚美可知。兹考其路，率铺以石，相接处无论圆方，多皆恰合无缝，间有微缝，则填以灰石，而下又先以碎石及缺砖破瓦诸物筑入地内为基，路皆中高，人行于上而车马则皆旁行于下。至今泰西诸国所筑之路，率多平置，皆约高出于两旁平地。其路每计至十丈面斜足尺即可备诸雨水下流，若十丈之路而斜面已至三十五尺者尚无碍于车马通行，过此则多有不宜者矣。此路下皆平铺碎石为基，乃复以人力敲击，俾无重及六两之

所筑之路率多平置

石块排覆于上，一任车压马踏，中微高而旁皆渐下以便雨水流赴于沟，大凡其路之两旁皆有通沟故也。

船制

昔希腊、罗马之人创制舟舰，率皆两旁置桨荡运。当中国前明，法与西班牙之船尚有以桨荡运者，如隆庆时威尼斯与土耳其构兵，其战舰皆以桨荡运。万历之际，英国共计有篷行战舰四十二只。嗣而英、法、和兰三国皆搜觅新法改制战舰，更相夸耀，每值有争战，凡遇掠获敌人巧式船只，即行运回本国，转俾工匠使之依式仿制。迨中朝乾隆末年，英京伦敦立有制船新论公会，其会例如有能独运巧思著一制船新论而微妙高出于众者，则酌奖赏若干，嗣此船制之精日胜一日。及至咸丰末年，伦敦又创设一会，凡善论重学及制船法者均多喜入此会，而每岁择其论之尤善者发印出售。惟时又有瑞典人扎波瞒著一制船新论，大获声誉。 制船新论公会

火车铁路

凡营造火车铁路，较马车路所费实多，缘地面高下不一，有须绕行之处，而火车迅速，势难旁转，故必铲高填下，穴山桥沟，以及建驻火车公所之处。即其中之穴山一役，尤非易易，如势不获已，必先遣素善地学之人往察其

修筑铁路各种情形

间之石层何若，泉脉何若，然后量山计工，刻日兴作，而穴道中常苦黑暗与湿，故又必向上多穿露天直穴，取明通风，然终于传达电线多有阻碍，是以遇高不至八丈之山，则穴之不若分之之为便也。当其开凿之际，凡所应运填山外凹处之砂石，如其程远仅十丈，运以步车；远逾十丈，运以马车；远逾一里，则将备修火车路之铁轨条其假旁置以引运之。凡砂石经人开凿，运填他处，其体加涨，约较大于暂宜原体四分之一。而新路之上下两旁务多开泄水之沟，最为紧要。考泰西铁轨一法，创始于中朝康熙年间，以木为胎，上直铺钉平厚铁片，而方向无定，人多患其不便，后乃改为近日所用车轮旁倚铁轨法。

户口

罗马稽民户口之法

昔罗马稽民户口之法，例使其人详书己之年岁外，并其妻子、奴仆之名及各若干岁财产计有多寡，皆登列纤细无遗，末作誓言，以为无欺之据，倘后查获其中有藏匿隐瞒之实，则尽没其所有，仍笞其人而官卖之为奴，其立法若是之酷，乃缘国家皆凭其人自书者征税故也。至于近日

英国稽民户口之法

英国稽民户口之法，每一户付与户口单一纸，亦例使其人详书，如上户口以百分计，合英境之六十一大城中，当中朝嘉庆时其间居民计约有百分中之二十四分，至咸丰年间，则其间居民已计约有百分中之三十五分也。兹将英民册内之数匀分有二：一劳力而得食者，一不劳力而得食

者。其劳力而得食者又中分为二：一则如儒、如医、如商、如兵；一则别分五类，每类人数皆在百万上下：一仆婢，二织工，三衣匠，四农夫，五治田杂作佣人，无分男女，如工之一道宜男为者一千零五十七种，宜女为者七百四十六种。泰西之法，各国皆至十年即合计民数多寡登册而如上考较一次也。

西学略述卷九　工艺

绘事

泰西绘事，始于伊及，当中国商朝之时，伊及人皆盛尚绘事，凡房壁、石棺以及刀剖蒲片，莫不绘诸动、植之物，灿然可观。如欲绘一壁，必先涂以石灰、石膏，嗣方胶和诸色绘画，以免脱落。迨中国春秋末时，希腊人之以绘事擅名者尤多，惟时始获悉画之有明暗、阴阳，故凡所画，无论鬼神、男女，其彩色皆视若高凸于纸之上。至宋、元之际，意大利人乃改以油代胶，即其中有一人名曰拉发夜，绘事精妙，冠绝古今，所画则率多新、旧二约书中故事，如绘诸获善报之人，使人望而生羡心也，又为人传真其神貌无一不逼肖者，加以布景超妙，位置适宜，诸名画家无出其右，今其遗法已遍行欧洲之各国矣。

拉发夜今译拉斐尔

雕刻石像

考以石雕刻人物诸像，其初盖始于抟蜡及或以石膏或以土泥抟作人像，入火炼之，俾坚如石。昔罗马国俗，概喜以蜡肖其若祖、若父之像，列奉于中庭。然时伊及国人率以牛、鱼等物为神，已先有以石雕成之诸像，多极精妙。至若希腊国俗，敬信鬼神，而以为鬼神形状要皆与人无二，故竞觅美石即中国之号为汉白玉者雕诸神像，奉以祠宇，一若印度人民之以土塑佛与诸菩萨而严奉之也。近泰西诸国刻像之石皆以意大利之加拉拉地方所产为最美，而像则以希腊人所雕者为极佳。按：今泰西各国其博物院中诸石像无不推古希腊人所雕为第一，若希腊人非底亚斯其灵心妙手今古无匹，尤喜以石雕诸鬼神之像，见者立生敬畏，莫不肃然，惜其著名遗刻今皆荡无存者，惟英国博物院中仅有古亚典城之巴底嫩大女神庙壁所嵌石平面上诸像实为非公手雕，今详察所雕其人之五官、四肢、凸凹、长短、巨细等处，皆与生人无毫发异，则非公之揣摩精到概可想见。 非底亚斯古今无匹

营建宫室

欧洲诸国上下数千年以来营建宫室，其制历代皆多更易。古人穴居于山，仅避风雨，嗣乃渐刻穴之两旁石壁作

诸人物形状以美观瞻，继之又久，人民才识愈益开充，始则土阶茅茨，既而画栋雕梁。考昔希腊人以石制宫室，其间要皆多列石柱，多镂花纹，故时营建宫室之匠即此镂穿石柱之人。营建宫室，法通于算，而几何原本、点线三角、方圆诸形之学创自希腊，是以营建宫室之善亦首推希腊也。近泰西诸国营建宫室，其制半遵希腊、罗马遗法，门户层层，其上或平或圆，以象洞顶，半遵当中国赵宋时所建耶稣会堂遗法则，其上撮以象林头。昔当耶稣未降生以前，有罗马人威得路斐善论营建宫室制度，今其遗书十卷，人犹遵守，奉若指南。

营建宫室首推希腊

作画要诀

当中国前明正统年间，有意大利国数人创著作画之书，内言作画其要须先悉光、算二学，庶免差误。凡画作向平面于若纸若壁之上，欲使其远近高下秩然不紊，人物位置各得其宜者，务先究明光学家所言诸物面点皆有光射作直线入人目中，与算学家言诸物直射光线皆末合尖角来入人目同理。如人目见一树，乃此树自本至末间杈纵横其面点皆如其形射作光锥来入人目。若有二人并立，而视所见物同，而物之光锥来入人目者更无一同也。如人居暗室，试于壁上向外透穿一孔窥诸壁外之物，复于己目与壁孔之间隔一玻璃片，而以所见壁外诸物一一皆描画于此玻璃片上，如能映取无差，可明诸物面点皆如其形，作光锥

作画其要须先悉光算二学

来入人目之理是亦皆本于算，详列如下：

一、凡人视物，其上下两端中间之角大小率由该物离人近远之度，近则视大，远则视小。

一、凡视物愈斜，则其间之角愈小，愈正则其间之角愈大。

一、凡作画人如欲其间诸物之近远斜正皆得其当，宜合上二则方位推研精详方无错误，此论与中国之工笔界画一法最近，而写意一法即括于中，神而明之是在学者。

镌金

《旧约·出伊及记》第二十八章内有铸兼金为匾以镌印法镌字于上等语，观此则当中国商朝太庚之时，欧、亚二洲界相毗连处已有镌金之说，观此则知彼等能镌字于兼金，其法为得自伊及更无疑义，且昔伊及送亡多有以镌字之兼金器物并殓入石棺者。若希腊人则以镂画地图于黄铜板上为其镌金之始，而印度人买卖地土所镌之契亦以黄铜，今英京尚藏有当中国西汉时印度人买卖地土一黄铜契也。迨中国宋、元之际，凡欧洲诸国大会堂内遇葬一生前名望素著之人，例即将其遗容与其事迹略述并深镌于一黄铜板上以防践灭，既而当棺平嵌地面。至前明成化间，泰西始创印书籍，而镌金之法一变，爰皆反镌以便刷印。

镌金之说得自伊及

创雕木板印诸花样

法国君主雕木板印以备娱乐

当中国前明初，雕木板印之法始西流传欧洲诸国，惟时之法国君主首创一玩具，若中国叶子戏，雕木板印以备娱乐，其间色状有二：一为象诸物形，一为数目号志，其数目号志者名号志叶计共四付，此戏未久即大行于欧洲全土，盖缘传印既速、为价甚廉之故也。嗣而多有依《新约》书中之诸故事雕板传印悬作画图，今欧洲板印之画其最古者为中国前明永乐时板印耶稣幼倩人负渡河一图，原为黏饰书帙内面用者。考泰西诸国，当创雕木板印诸书籍时，其间多杂印有图画，未几活字板兴，其始以笔画著名者见雕木板印所出无穷，遂亦投笔捉刀，尤易精妙，因而欧洲板印之艺益隆，如近诸新闻纸内多间有画图在。

雕蚀钢石

钢板或雕以刀，或蚀以药，其法一皆如铜，钢质坚较胜于铜，故板印率多出千百纸而后弊。凡拟刀刻，则宜取用柔质之钢，俟成可别以法使其加坚。

蚀玻璃法

蚀玻璃法：先向玻璃一面遍涂以蜡，后于蜡上以针挖刺作诸花样，惟时将硫磺强水倾于其上，复取紫石英精所成之强水散斟花样间，越二时许倾去，并蜡刮尽，别拭以松香油，则其上之花焕然呈露。若镌刻宝石，花样有凸有凹，在昔希腊、罗马、希伯来诸国盛时，其镌刻宝石花样多凹，缘时富人爱以之饰衣或指上兼作印记用也。其石如红砂、青碧、紫宝石、黑玛瑙皆是，或以钢制刀锥等器刻之，或以钢末夹有金钢石诸器刻之，而金钢石末尤宜以油蘸涂刀口为助刻宝石之用。近则创机状若旋床横施刻刀以石附近，为工甚速，其刻刀形式不一，任人临时酌用之也。至若诸石凸刻花样，泰西古今人皆重之，如今奥京非也那与法京巴黎斯二城之博物院中所存二千年前之凸花石玩甚多，考古人爱以凸花石玩饰酒杯，今意大利人则以红质白章之凸花石玩为最贵。

镌刻宝石花样多凹

凸刻花样古今重之

创雕金质板印诸花样

欧洲雕铜板印之法，约创兴于中国前明正统景泰时，或云始于德邦，或云始于意大利国，均无确据。惟时金工坊内有刀镂银板，即其凹处均填以白银与铅制成之黑色料物，使其色可有明暗之别，似此刀镂银板工匠，多先屡以柔土和水抟泥择填入银板凹处内，俟燥取下以便详察美恶，继复镕化硫磺倾于此泥模面，既而上复加灯煤与油，以辨其明与暗要皆何若，后有意大利人始创上加水湿之纸，木杖滚压以取图样法也。当正统年间，德人始有以黑色料物填入铜板凹处印画之事，时或有德人越入意大利国境内授以此法，今英京伦敦博物院中收贮德、意及他诸国之铜板所印图画极其繁富。

雕铜板印之法

铜板增妙

当中国前明中叶之际，德人都雷精于绘画，以至刻石雕铜，皆能创发前人所未发，至于取用化学家药以助剥蚀铜面一法，实肇自都公，故其雕铜尤擅今古妙手。和兰人亦多精此艺，其间著名人林伯兰得素长于油画，每出一纸，人争购之，嗣而改秉铁笔雕铜板印，亦复异常生动。至若英国雕铜板印始于中之清初，然犹须向邻国聘请工匠，至乾隆时英人始能自行捉刀，而多喜雕作山水等状，不数年习此之人艺益精进，堪与邻国并驾齐驱，如和加耳得伤国人之相尚以奢也，因自作画多张，尽情描写，有伦有次，手镌于铜板上印售讽世，其间人物神彩无不生动，人竞珍之。

都雷雕铜今古妙手

制石印法

石印法惟先以油质物勾画石面，嗣取化学诸药重行点染，非如木、铜、钢诸板之须雕镌也，故取印木板墨涂于凸，取印铜、钢诸板墨填于凹，至若石印墨则平涂。而石印之石，计诸国所产以德产之内有灰质者为佳，似此内有灰质石板皆约厚二三寸许，其石面有磨使正平者，有筛沙于上治使稍粗者，如界划之画宜借正平石面印，写意之画则借稍粗石面印也。凡石印之画笔料物有白粉石，有蜡，

石印之石灰质为佳

有胰子，有牛油，有二种树汁，一名舍拉哥，一名马斯底，又有油灰和成其色。以上诸物并入一器中覆盖严密，向火熬匀，倾于笔形模内，待凉收用。若拟向稍粗石面上作画，即先以此笔布就，亦有以此诸料物制墨挺形，用时研末蘸以毛笔画者。皆嗣取次等硝强水复加水和倾于石面。是与反酸物合而不消化于水中，继又以水和亚拉伯树所出之胶汁倾向石面，迨倾去时石面之画虽涤以水不少漫灭，盖缘白粉石能不消化于水中故也。印时先以水润石面，而画处间有油质者，则仍燥如旧，当以墨杖向石面滚压之际，惟画处有墨而四下水润处更无少墨，乃以水湿一纸平铺于上，移入压画之夹，即成一画，如是滚墨铺纸压印百千无穷。 石印画笔料物

乐论

乐本于器，器之音生于颤。泰西常有人将沙匀布于诸玻璃片上，而以机摇诸玻璃片，使之颤动有声，则见其上之沙皆走聚成各类等势形式，此可征明人之耳闻目睹皆有相关之处。是以言语韵分高下而成诗，音节声有短长而成乐。乐之品二：一属器奏，一属人歌，二者相逐而发，方致洋洋盈耳之美盛。且天下之感人性情、易人思虑皆莫乐若者，如挽歌闻而乐者悲，金鼓震而懦者壮也，然与风俗亦有相关相囿之习，此国人闻彼国乐则不若闻此国乐之易感也远甚。在泰西诸国，其乐之最易感人者，要以追随国 乐品有二

主颂祝之乐为首。

乐考

乐之始，不可得考而知，乃昔罗马著名善诗之人卢革来底言：人闻鸟之和鸣而效之，是即歌吟之始；而农夫闻风过芦丛自成天籁，爰截作管，吹以象之，是即笛箫之始。若罗马之俄非德则言：上古山林有一女神，化身为芦，借风而吟，闻者莫不流连，乃相与截取此芦制为乐器。按《旧约》书载有亚当七世孙犹八实为鼓琴品箫者祖，若希腊人则言乐始于伊及，按摩西出伊及记内有先知妇亚伦姊米哩暗手执鼓等语。凡乐约有二类：一以敬神，一以娱宾，然古人乐歌人众，音一至中国赵宋时而高下四等相合之音谱始定，是古人知一音合之佳，至后人知四音合之佳也。鼓风琴者亦遵此理，按诸牙牌，择合四音以成乐。泰西乐器，首重风琴与非约林，缘风琴乃合高下诸音乐器之主，非约林为孤音乐器之君也。

乐约有二

圣乐

凡圣乐，有词义明畅、宜作于会堂中、而俾众人合唱者，有曲调弥高，如意大利国所创之俄拉多略是，须谨择数善音家合唱者。当中国前明中叶，有意国弗罗连城人非力乃利，见罗马人民皆崇尚圣乐也，因筹得一策，广聘善诗、善乐诸名家分拈新、旧二约书中故事制诸乐调，其间有只一人独唱者，有以二人作一唱一和者，有三人轮唱或四人高下其音一时合唱者，如三友慰约百耶稣降生皆其乐目，继复以重币招徕善音与善乐器诸人集于会堂，按日喧奏，惟时人皆争把金钱卖座入听，未几此风遍于欧洲，嗣而多另创建乐园，备聚多人列听圣乐，计其中著名之德人韩德勒，后又有海敦与摩杂得以及门得孙三人，皆铮铮有声者。 圣乐种类

演剧

演剧排场分有二类：一为一人登台独吟诗，一为数人登台连吟诗也。而数人登台连吟之排场在泰西诸国规矩又各不同，如意大利人名此曰俄贝拉。当演时，人皆衣饰种种，登场吟诗，乐音间作，节其高下，三者相辅而行，各有意旨。缘饰能动目，乐可悦耳，诗足警心，合而出之，感人为易，此乃当中国前明万历年间创自该国之弗罗连城，推原其始，亦由古希腊国之词曲中得来者也。继而渐次遍于欧洲，迨中朝康熙间，此戏始传至英京伦敦。时德京亦盛兴此戏，计其善制此戏诗人约十馀辈。近欧洲演俄贝拉诸人分有二派：一各国土人自习出演，一特聘意大利人出演，如果有才技出众者，则无论籍属何国，皆不数年即可致富。 演剧排场分为二类

气机

气机制法

二百年前，有英人曾借风气压力创制气机，其法乃将一中空筒置于有水釜上，举火于下，使釜中水渐化为气。而中空筒内有一活塞，此活塞上为风气压紧，四周更无微孔容风气入，乃活塞上加有数寸水故也。活塞上复连于一横杆之左端，而该杆中托于倚点上右端，下则别连一立杆，其立杆下连有重物，其重数多寡一以堪拽上左端之活塞为准，当活塞拽上之时即启机，俾下釜中水气升入空筒，复即转机将冷水由水孔转入筒内，水气立复下化为水，其上遗空处风气极少，活塞亦即为上风气压下，时横杆右端处之立杆下钩有一盛水器即随立杆而起，其高起尺寸一准活塞之压下度数，惟时即将水气所化之水复由出水孔转出。嗣有一司机小儿嫌此三孔之机启闭犹须多费人心力也，因见上横杆时时起落无爽，爰思得一借上横杆力外加小杆二，一立一横，使能自行启闭之法。后瓦得乃因旧法创新式，使水气别化水于一柜内，乃转冷水入柜而不入筒也，此柜受纳水气与中空筒之受纳水气时同，筒、柜互相连属，故筒中水气化水亦与柜中之水气化水同时也，如此庶筒中无冷热或偏之弊，则水气化水必速，气机亦必得多数倍力之益也。筒上复加有一盖，其立杆孔穿处以膏调乱麻盛一盒内，置近此立杆处，备阻水气使不得出，而活塞上别有通入水气孔可代风气将活塞压下，活塞上连之横杆遇需工多时可使加长酌添立杆二十、三十不等，每一立杆司一工艺，各不相混，斯皆犹百年前之旧式，而今增之新式益复多多矣。

棉布

上古希腊人名希罗多都者曾言印度有树能自生绒，土人采取纺织成布制衣等事，嗣其法渐流布传至伊及。迨中国赵宋时，意大利人多与印度人贸易相通，故其国亦悉采棉纺织诸工作，然此艺原创自印度，而所成之布仍推印度为精致焉。其时又有回人种棉于西班亚地方，机杼亦盛，惟所成之布极粗，仅堪备船之篷帆用也。后和、比二国得此工艺于意，而英又得此工艺于和、比二国之人，至是纺织渐盛，几遍欧洲。迨中朝乾隆年间，有英人亚革雷创一新式纺器，以数横杖往来平滚。嗣又有人改为自行机法，以纺线拧杆八枚，继加至八十枚，今则或多至六百枚与一千枚，均无不可，行列架上，机动自旋，只一小儿女旁司续诸断线之事，后人增添器机愈加灵妙。至嘉庆初年，英人加得雷德始创制有以机代工织布之器，自此器出，每价值一钱银之棉可成价值二钱银之布，若非以机代工，布价何能如是廉也？

棉纺织艺创自印度

麻布

麻布裹尸

上古时，伊及国人死，例以细麻布裹尸埋葬，近人往往有掘获于古墓中者，见其布裹层层依然完好，迨行开视尸，初亦似未朽，肢体备具，而转瞬间即化为灰。考当中国宋仁宗时，今属于英之爱尔兰岛，其人民俗亦尚织细麻布。迨中朝雍正年间，英始创有以机代工织细麻布之器，惟时漂白布法亦较胜前人。细麻布，英语名曰利年，而同时英吉利与苏格兰二地人民亦大兴织用利年布。泰西治麻之法，不以水沤，一可免抛弃物料，一可免臭气迫人也。今英之利兹城，织细麻布机器局设有多处，大者一房计周广十二亩，以五十柱分擎房顶，上洞开六十六天窗，似此机房多以妇女司其机事。至于以麻织线法不同于棉绒与丝，须先湿以水，若湿以热水，则得线愈细，今凡篷、帆、帐、幔、棹、单夏衣，多借赖此利年布而制就之也。

泰西治麻之法不以水沤

绸缎

当中国春秋末，希腊人常市丝于亚述国，归以织绸，盖惟时巴西国王与其贵宦富商身皆衣绸，希腊人见而欣羡，故师其法而欲效服之也。按巴西开国之初为姬周景王之世，而巴西东界葱岭，较近中国，货物易通，是织绸一法久已由东传入西国。当李唐世，有自希腊来中国传景教人归述中国有养蚕、治丝之事于其君茹斯底，年后即承其君命复来中国购觅蚕种，盛以竹筒，携回希京，埋向粪堆中，迨蚕出时饲以桑叶，选拔希之织工聪俊者教以缫丝、织绸诸法。嗣越六百年，始有意大利人得缫丝、织绸诸法于希腊，未几复传至西班亚及法国。今泰西绸缎首以法人所织为最善，若以丝织为绒则较诸绸缎价昂数倍，亦有以丝与羊绒合织者，惟起花今绉诸锦纱，今泰西所出尚有数种未及中国精妙。 复来中国购觅蚕种

织呢

织绒为衣，其风最古，至以板压绒成毡，在昔人亦应知此法。盖昔人未制有纺具时，乃以手挼成线，其疏绒则以大蓟花头代梳，凡无棉与蚕桑之国，莫不剥皮织绒为衣蔽体。古希腊、罗马时，男女率皆衣绒，均取给于其家中妇女之手。后和、比二国人民学织为呢，创运出售，而西班亚亦同时竞尚此技，既而若意、若法皆有以织呢为业者。迨中国赵宋时，和、比二国河决为患，有业织呢之人播迁至英，英嘉其艺，爰复遣人赴和、比地方访聘呢工数人来英开织，阅元与明，呢出愈倍。考呢须经三十二道手而始成，今英呢成于人工者少，大半皆出于机器也。乱绒初运至织房时，人即其粗细为之详分品第，率十馀等，要以西班亚所产为极细，而以英属之一地方所产者为极粗。今计英一国每年约出银三千万两购绒一万五千万斤，织呢 织绒为衣其风最古

出售可得价银九千万两，呢工人数约在三十三万人上下。

熔铁

当中国魏、晋禅代之际，英地尚属罗马时，有开掘铁矿之事，嗣而再举无闻。直至赵宋朝，英地人民始复有开矿取铁、以钢制诸刀剑及人马被服之甲胄等具。每值征伐，一武职即有一铁匠随从，专司整治攻战器械。惟时所建熔铁之炉有高至六丈者，其法以铁矿与灰石及水火炭并纳入于一炉，灰石有制铁矿速熔之能力，其铁矿内之硫磺、砒石诸杂质于未入炉之前皆先以之入窑火迫使去，而炉外鼓风助火，宜机器不宜水轮，缘有时掘地求水得否竟难预定，而机器需水无多，可免机驻风停之患，然机中活塞起落亦时恐有停阻，致鼓入之风不恒，于是炉口处别以土石砌一空中圆柱形之理风室，当风来入时缩力甚紧，既归此理风室内，立可散涨如常，庶使入此炉鼓火之风有恒无变。又有一省煤法：先使风气热至三百度，则炉中火力冬夏如一，前法鼓冷风入炉计以八顿煤方熔成一顿铁，此法鼓热风入炉计熔成一顿铁并先使风热所用仅只须煤五顿馀也。再风如热至极度，自能借生煤熔铁，更无须借助于水、火、炭。凡气机之鼓风筒，其至大者宽一丈二尺，每一点钟时烧煤一顿。再当铁初熔时，其由水火炭所得炭质多少不等，倾模铸器，是谓生铁。若复以法将其中炭质并养气提净，是谓熟铁，制成铁条，凡拟将之作杆、作丝、

熔铁之炉高至六丈

生铁熟铁

作钉、作片等件，均就压机依法压成，无不如意。

黄铜

炼取倭铅之法

红铜合于倭铅即成黄铜。当古罗马时，人尚未知炼取倭铅法，惟以炭与红铜并倭铅矿西语名加拉珉合入一炉，时倭铅矿所出之倭铅自与红铜合而成黄铜也。其法：先以大块红铜熔汁倾于水中，散凝如绿黄豆粒等形，嗣取倭铅矿即倭炭强盐击碎合药入火烧炼，待其质失殆将及半，则凡此矿内之水气与炭强气略已炼净，乃以前熔汁倾水之碎红铜四十五斤炭末并倭炭强盐末各六十斤搀入，分倾盛于入瓦器中，别加碎黄铜片四十斤，复熔倾入一石器内，俾成扁式长五尺半，计可得黄铜一百零八斤，而其地青白诸色之铜亦如是法熔倾入于一铁模内，惟准所合入之红铜多寡成此诸色。近则不复用倭铅矿而取用倭铅，其制合黄铜斤两熔汁倾水之碎红铜五十五斤，碎黄铜片五十一斤，倭铅二十四斤，分入四瓦罐内，炼之以火，计四斤可得净黄铜二斤八两。

金线

凡制金线，均先以一扁银条锤击使长，嗣裹以金，置炭火中加热抽牵，迨细如毫发时，将之排缠于丝线上即成金线。其制银、裹金、加热、抽牵诸法，初惟购一银饼，以白色炭火熔化，倾入铁模或红铜模内，俾成一扁条长二尺宽二寸，继复向火炙至红热度，击之以锤，待百分加长二十分时，则逐穿向一钢板诸孔内，均以气机抽之使过此钢板，上有十孔或十二孔不等。要皆大小递降，迨银条逐次穿抽已遍，渐自阔减长加后，乃拭净裹以金页，其金页之大小、厚薄相若，而裹数多寡即后所成金线贵贱之品第。泰西诸国，武员及豪富人衣上盘饰之金线，其初银条皆率滚裹金页有三十层之多，至运赴印度及中国各口出售者，其初银条滚裹金页不过仅及十层而已。当银条滚裹金页毕时，包以纸，缚以绳，置向炭堆火心处，迨纸、绳皆焚，条金均将红热，即以血石排磨以去微孔风气，且俾金页、银条愈紧贴合，至冷涂以蜂蜡，再向板孔穿牵其板，昔惟以铜制，计银每两可牵长至三百丈，今间有易以穿孔之红宝石者，则每两银竟可牵至三四里长而细逾毛发矣，虽其细已甚，而以重十二两之物平加于此悬空一如毛金丝上，仍无损断之虞也。

裹数多寡即后金线贵贱品第

葡萄酒

欧洲凡居近地中海之诸国人民，率多以酿制葡萄酒为业。如法人酿制红酒最为美善，其法当葡萄收熟候，聚集多人去其枝蒂，择美满者别置诸大桶内，每计堆高至十五寸即浇入烧酒二加伦，如是迭堆迭浇，迨盈桶时复以烧酒精四加伦加浇于上。凡浇加烧酒与烧酒精之多寡，概视其

法人酿制红酒之法

岁收之葡萄美恶为准，如所收恶劣，则烧酒与烧酒精皆宜加多，庶可使之高发起沫，若其岁葡萄不甘，即加以糖，继乃严密封盖，勿俾少透风气，计每桶可得葡萄酒三十顿或三十六顿不等。然须待至逾月，先以铜机一付置近桶旁，由上下计至三分之二处穴视沫已起足与否，如沫足酒凉且清，则即将之分倾入小桶内，惟时复收取葡萄，则无论美恶并其枝蒂和入酒渣如常，命工踏之以脚，亦别分置诸桶内，至尚距桶口一尺处即止，以备流溢，上覆以盖，听其自发起沫。凡葡萄之蒂皮与子时皆浮上，名曰酒帽，每日二次察视，待至八日或十二日酒只一凉，立即分倾于小桶内，若少缓则酒帽与酒底处之恶味必将杂入，少早则沫未全发必转坏于小桶内也。当此酒倾入小桶，例仅使及小桶三分之二或四分之三即止，再取上所言加有烧酒并烧酒精者和入斟满，重行封固，复待逾十八月方可向小桶旁凿孔抽尝，饮毕即严塞之。

玻璃

当中国夏朝时，伊及人例以麻布裹尸埋葬，近时有人掘获，展布阅视，间见近尸处有蓝色玻璃片，兼有裹诸杂色玻璃珠者。迨后汉之际，玻璃皆制出于亚利散太城，而其法渐传于意大利、于法、于西班亚诸国。至前明中叶，英国人民渐次尚制玻璃，届中朝康熙年而大盛。按以火石砂与反酸物合即成玻璃，凡玻璃之美恶，概准其中反酸物

玻璃制出亚利散太

之精粗，火石砂以散铺海滩不少杂有他质物者为上，近日英产不敷于用，更向奥大利亚地方采取，连船载运回英，反酸物则以木灰精与炭合之强盐为最。制玻璃法：以极细胶泥制烧成罐，计高三尺，中盛料物一顿，下炙以火，待逾两昼夜足二十四时，热力已极，罐中物料尽融成汁，将其上浮秽物去净。若以制器，要不外于吹、治、铸三法，如制一盛香水瓶，则以长铁管由彼一端探入泥罐旁孔内，少蘸物料汁出于一铁板上，辗转卷起，别以铁物少压象颈插入铁模，人向管之此一端力吹，使之涨满，其内空由于吹力而外状原本于铁模也，嗣而机动模开，铁管振脱，而瓶形已具，旁复有一人即将此瓶仍以一热铁杖挑起，向其口颈复磨治，而一瓶告成，计其始终，亦不过仅费半分时耳。

制玻璃法

刊印书籍

波罗传说印钞之法

当中国元世祖时，有威尼斯城商人波罗来华，后返国时带有板印朱字钞票数纸，而传说其印之之法。后越百年，乃有人依式仿制，是欧洲肇有印板之始。初印有叶子戏并下跋有数语之诸图画，如取新、旧约书中故事作画，而下注数语刊板印传也。未几而以金质物铸成之活字盛行，是盖德国之古典伯与富斯德二人所创制。计至前明弘治年间，泰西各国大小城内其以活字印书者共二百馀处。初，活字皆诸印书人自铸，嗣乃别有专铸活字之工。近复出有制印书板之新法，乃造诸多钢梃，每梃端反刻一阳文字于上，以法使钢加坚，立排于一红铜板上，击印使下，俾铜板面阴字显然，是谓字模。嗣即将此字模入一夹内。其夹外木内钢，顶有一孔，乃熔金质物汁由此孔倾入，计每一点钟可得活字五百，至其排印，别纳入印书架压夹内，今昔概不同法，考前明时，压夹皆以螺蛳钉旋压，今多改以机旋中空铁杖来往夹上以压之者，计今旅杖压法，每一点钟可印获万馀纸。外此又有一牌印法，乃敛诸活字一一列排于一牌上，别以石膏熔汁倾向牌面，待冷取下再熔金质物汁倾此石膏字板之上，即可得一金质字板，按上所言之金质物即铅三合安底摩尼一。 制印书板之新法

钟表

古人量测昼夜短长，昼看日晷，夜观星月，后刻漏出，则十二时皆准之而定。自中国赵宋末时，意大利地方始有人创制自鸣钟以代刻漏。至元朝混一之初，英、德、和兰诸国皆出有制自鸣钟之人，而全机运动均属于其中一式，近天平上横杆之动机并锯齿等轮。迨前明末，有英人遵前意大利人加利略所言之法，始创加一摆于自鸣钟内，专司俾其中全机运动之用。嗣乃有人以钢盘条代摆，改制而为时辰表。昔船行者测日、月、星之高下以定南北度数，而常苦东西之度数无法测知，迨制有表出，而行船始有所恃。而英之四境皆滨于海，尤以善诸船事为急务，故中朝 自鸣钟

道光时，英君主逐年设立赏格，俾制有新式时辰表者皆可呈上船政局，俾正其制之善否，惟时局员将诸表一一排列，日行测对，阅时及久，末推一差分秒最微少者俾之领此赏项。凡行船，每携有二表或四表，共置一匣，时久度差，则以两两较得之均匀数为正。按今瑞士国地方诸制表处率多以妇女司工，货平价廉。至英京伦敦所制之表极其精美，欧洲无出其右，计制一时辰表，须经百人手方告成就。

煤气灯

凡燃灯于通衢僻巷之间，所以防倾跌、便行人也。考自希腊、罗马以来，燃灯概不出于以柴把及油、蜡等物。迨中朝乾隆时，法人始创以空中圆灯炷插入一铜管内，其妙在于火焰上下皆可通风。未几，有一英人更创一火燃煤气为灯之法，施用于其家中及写字公所内。至嘉庆年间，复究获引使煤气历石灰水池，可除其中杂有之轻气与硫磺诸气。未几，英京伦敦城人民首先仿用，嗣而遍行泰西诸国。按，制煤气灯法，或以铁，或以不畏火烧之胶泥制空中箱七八枚，计各长七尺五寸，阔一尺六寸，内高一尺，每箱受煤一百二十斤，分排置于一大煤火炉上，烧取煤气，当煤气出箱，顺煤气总管历石灰水池，迨其中杂诸秽气净后始入蓄煤气室内，分通旁各小管，达诸衢巷与官民房室火燃为灯，至盛于箱内之煤，烧取煤气后所馀者即为水火炭，是则半已助下炉火烧去，尚馀之半则可出售于制铁之诸工匠也。

制煤气灯之法

西学略述卷十　游览

航海遗闻

昔伊及王尼哥曾遣人驶船由红海南绕行亚非利加一洲全土，中途行粮垂尽，爰登岸种艺，幸地暖易生易熟，迨收后始复启行，故越三年该船始逾大西洋，入地中海，回至本国告其王曰：我辈绕行此洲时，有见日经行正值船右之处，即是可为此船人曾至赤道以南之证。船人曾至赤道以南

希腊王亚利散大既并有巴西国，进兵抵印度时，先分人乘船顺河出沿海滨驶回巴比伦，继而亚王自以二千艘载军顺河抵入海口处，复率以登岸，由陆驰回巴比伦，其先所分乘船而回之人著有日记，流传至今，内有“沿海驶船之际，见日经行正当船顶，大可骇异，并沿海人畜皆以水族为粮”等语。

始亚王攻取巴西，追其国王，竟抵葱岭西之巴革底与大宛等国，遂至印度，时其军中有专司日记军行里数并军过处之地势、民风，颇为详尽，此希腊人至葱岭以西诸国与印度地之始，考其时乃在中国汉武帝命张骞出使西域之百九十馀年前。

多禄某书

多禄某书论及中国

当中国西汉桓帝时，有伊及国之亚利散太城人多禄某所著地理书，内有论及中国地势、民风之处，其言则多得自来亚细亚东境贩诸绸缎返逾葱岭贸易者之口。再其时罗马富人皆争出赀招购远方珍奇之物相与矜夸，是以欧洲商船多由红海或波斯海湾驶往印度东西海口并南洋之越南等处，贩运中华、印度货物归售规取厚利，似此船商遇至亚利散太城时，多公必过访勤问，俾罄言其所闻所见，爰作《海滨图志》均颇详确，如言某一人驾船由恒河沿海抵亚细亚南之加底加拉海口，考加底似即中国汉之交趾郡，加拉或时印度呼城字之土音也，至于多公所言印度洋南有一海滨，自亚非利加而东至亚细亚南略转偏北即抵交趾，实大错误，盖缘其时商船仅沿海投埠，不能旷驶海面故也。

回人肇纪来华

当李唐宣宗暨僖宗之世，有二亚拉伯人，一名瓦合白，一名亚不赛得，前后由波斯海湾航海来华，皆著有日记，如亚公日记内言来华抵干富城，见其水陆辐辏，贸易流通，四外流寓之人甚夥，当该城为敌人攻陷时，其间亚拉伯、犹太、巴西、耶稣教四项人众已死及十二万之多。昔泰西人著记中华风物之书，计自东汉下迄元代，除多禄某书外，惟此亚公日记颇称详尽。干富城有言即今之广州者，有言即今杭州之澉浦镇者。 李唐之时来华西人

波罗来华纪游

当元世祖朝，有意大利之威尼斯城商人波罗同其一弟携诸宝石，先驾船至希腊京都，由黑海行抵俄罗斯境界口岸，舍舟登陆，至弗罗加河边城内售于元成吉思罕所分封嗣王处，获利甚厚。嗣偕其弟又沿行里海北滨至薄哈拉地方，习土耳其人语，时遇成吉思罕孙波斯王胡拉古有遣赴上都奉书于世祖之使，波罗兄弟乃与使偕行。至元二年抵上都，入觐世祖，颇蒙优待，后世祖命其兄弟回国往见罗马教皇，请巧匠百人偕来上都，以便使国人习其技艺。波罗与弟于至元六年始返至故乡，计其离家出游十九年矣。有波罗去后遗生一子，名曰马哥，始识若父与若叔父焉。惟时教皇告殂，请匠一举只可暂为罢论。波罗乃复与弟并子马哥遵路东回，至元十二年三人偕抵上都，入见世祖覆命，时世祖极赏识马哥聪俊，后即常俾衔命出使江南北及印度等处地方。迨拟嫔主于波斯王时，择奉主同行之臣， 波罗来华

马哥与其父若叔实皆厕选中，爰由闽之泉州登舟，驶越印度，抵波斯海湾，闻波斯王已薨，复得世祖凶问，马哥乃与其父叔定议辞主西归故土，元贞元年始抵威尼斯城。马哥生平游历著有成书，初出时人争购，率以先睹为快，故其书译有法、德、意三国之言语文字，以便欧洲人披阅，今犹有多人称道之者。

欧人西觅新地

欧人西觅新地始末

欧洲诸国往来贸易于印度，常苦阻有红海岸之陆地多费周折也，缘思必有他向水程可直达印度而无碍。迨中国前明弘治五年，有意大利人哥伦布获西班亚君赠以小板船三只之助，向西驶游，先得至西印度群岛。后六年，复驶船游抵南亚美利加地方。时有英船已前其一年至北亚美利加矣。又三载，葡萄亚人觅有伯拉西勒之地。嗣而今墨西哥并秘鲁二国地亦为西班亚人觅获，时此二国地方之土人亦具有文字条教，兼能械斗，惟无火器，遂为西班亚人所制伏。嗣又有法君所遣派船只沿北亚美利加洲边境查视，计滨海周共二千馀里，绘图覆命，爰择加那达地方之老伦斯河口立埠经商。惟时凡附近墨西哥与秘鲁南北滨海处多为西班亚人攘归己有也。

游览直北来华水程

考葡萄亚人抵印度后，未几即得通至中国口岸，惟时欧洲诸人知哥伦布直西逾大西洋而得至亚美利加地也，葡萄亚人复直东绕亚非利加南而得至印度也，爰意若有人驾舟西北行绕亚美利加之北，或东北行绕亚细亚之北，必可觅获竟抵印度及中国之水程。缘此当三百年前，英京富商时时遣使驶船游觅，计前后六十年，凡所沿行滨海之处集绘成图，航海一学虽日精进，如北地所产之兽皮鱼油等货皆缘此通盛，而北抵印度及中国之水程终未觅获。迨中朝嘉庆末，英君主复遣使西北游觅数载，空劳往返，后至道光二十五年，英又遣弗兰革林向西北游觅，乃往而不返，音问杳然。继英、美二国皆数遣人航海跟寻，先皆莫得所在，后乃觅获其已死之遗迹，此遣寻弗兰革林之人，竟可为觅获西北行抵中国之水程者也。其东北行抵中国之水程，直至光绪七年始为瑞典人所觅获。

往北游觅至华水程

古革东游

英人古革，生于中朝之雍正六年，初为煤船船副，常载煤来往伦敦地方出售，嗣而改助驾驶战船。迨乾隆二十四年，得升战船船主之职，乃将其四年奉察北亚美利加之海滨海面绘著图说，一时战、商诸船皆奉如绳墨。后英之

古革东游历程

执政知其善测算察辨之学也，命携善天文学人赴太平洋测金星过日之事，兼谕以事后即可放船南行，游觅近南极之新地，故古革驾船驶逾东洋群岛，转而南行得觅获纽西兰岛，越时六月，始得沿行岛滨一周，按此岛当一百三十年前有和兰人得至其地，归以告人，皆以是必一大洲之肢角，时古革复转船北驶抵奥大利亚海滨，沿行六千里，后至葛留巴岛旁岸修船，始复驶行归英覆命，计其出游已四阅寒暑矣。逾年，古革复率二艘东驶抵太平洋，将多类堪为人用之牲畜散放于诸岛间，嗣乃北行，待至亚美利加西之北经纬六十五度处，转而东驶以游觅直达大西洋之水程，当其北行经见散多威知群岛，嗣沿海滨至贝令海峡处，测知亚细亚与亚美利加二洲相离水程仅一百二十里，复少转东北行，前遇冰阻，乃返至散多威知群岛少住，不意该岛土人肆暴，而古革竟为所戕，惜哉！后经其副率船回英，备言古革惨死状，君主震悼，爰命每岁拨银若干圆以恤其妻子焉。

欧人游觅亚非利加全境

当中国前明初，葡萄亚君主之诸子有名显理者，其所受封居之府第南滨于海，与亚非利加洲相密迩，时显理更无他好，惟以分遣人众驾船游觅亚非利加洲之境地为务，逐年渐次南驶，久而弥勤。计显理创行此举四十馀年，迨其殁时，所遣人众已南抵仅离赤道八度之处。至成化年

欧人游觅非洲全境

间，葡萄亚人始得抵亚非利加尽南土角处。弘治十一年，复由亚非利加南驶至印度，时亚非利加之东偏滨海，凡旧为回人立埠通商之处，自赤道南二十三度有奇地方北转抵红海，俱为葡萄亚人所行遍。至该洲内地，自中朝乾隆年间，始有欧人渐次深入游览，爰有即此著名数人相继而起。如由该洲西滨海中间当赤道北四度处入海之奈遮河为英人巴革所觅获；迨咸丰末年，有名利逢斯敦者，往南亚非利加东西游觅得知有大湖二；后又有斯毕革并哥兰以及贝格三人，分觅获非洲内地之三大湖也。

艾约瑟西学略述

人名索引

五画

六画

七画

八画

九画

十画

十一画

十二画

十三画

十四画

十五画

十六画

十七画

艾约瑟西学略述

译名简释

三画

干布西

冈比西斯，居鲁士大帝之子，前 525 年率波斯军队入侵埃及

大加罗

或称查理曼、卡尔大帝，法兰克王国加洛林王朝国王，神圣罗马帝国的奠基人

大利乌王

大流士，波斯帝国皇帝，公元前 522—前 485 年在位

门得孙

门德尔松，德国作曲家

四画

天方国

阿拉伯帝国

瓦得

瓦特，英国发明家，蒸汽机发明者

丹低

但丁

火车公所

火车站

巴西

此指波斯帝国

巴米尔

帕米尔高原

巴伯

教皇。教皇在拉丁文中是爸爸(pope)的意思

巴底嫩大女神庙

雅典娜女神庙

巴斯加勒

帕斯卡,法国物理学家、思想家

巴黎斯

巴黎

五画

世落耳

席勒,德国著名诗人,剧作家,历史剧作《威廉·退尔》(《西学启蒙》译作《威廉德勒》)取材于十四世纪瑞士英雄猎人威廉·退尔的传说,以瑞士独立斗争为背景,在欧洲引起极大反响

古革

库克,英国航海家、探险家,1770年到达澳洲

古烈王

居鲁士大帝,或称居鲁士二世,古代波斯帝国的缔造者

札利斯

英国国王查理一世,1625年即位,1649年被处死

布大哥拉

毕达哥拉斯,古希腊数学家、哲学家

布国

普鲁士

卢革来底

卢克莱修,古罗马诗人和哲学家

他里斯

泰勒斯,希腊最早的哲学学派——米利都学派(也称爱奥尼亚学派)的创始人。希腊七贤之一,西方思想史上第一个有记载有名字留下来的思想家

尼禄河

尼罗河

弗兰克林

富兰克林,18世纪美国的科学家和外交家。在电学上成就显著

弗罗伦萨

佛罗伦萨

加那大

加拿大

加芬底矢

卡文迪许,英国化学家,1781年发现氢气

加利略

伽利略

加波德

威廉·布拉福德(1590—1657),英国人,1620年9月乘“五月花”号帆船从英国出发,11月抵达普利茅斯,这是英国人首次登上美洲

加得雷德

卡特莱特,英国发明家,发明了动力织布机

六画

亚圭那

阿奎那,意大利人,中世纪时的哲学家和神学家,最知名著作是《神学大全》

亚利第三

亚历山大三世,俄国沙皇,1881—1894年在位,他在1883年即在位两年后始加冕成为沙皇

亚利散太城

亚历山大城,位于埃及,亚历山大东侵埃及时始建

亚拉伯

阿拉伯。

亚奇默德

古希腊数学家、力学家阿基米德

亚非利加洲

非洲

亚典城

雅典城

亚革雷

阿克莱特,英国发明家,仿制了水力纺纱机

西班亚

西班牙

吕宋群岛

菲律宾群岛

丢番都

丢番图,古希腊数学家,代数学创始人之一

休末

休谟，英国哲学家，名作有《人性论》

华纲

花岗石

伊及

埃及古称

多利遮里

意大利物理学家托里彻利，流体力学的奠基人

米西西比河

密西西比河

米勒敦

弥尔顿，英国著名盲诗人，代表作《失乐园》

安那西米尼

阿那克西米尼，古希腊哲学家，主张世界的本原是唯一的、无限的，认为万物产生于气，气是无限和永恒的

约斯

厄俄斯，古希腊神话中的黎明女神

七画

利巴嫩

黎巴嫩

伯拉多

柏拉图

伯理玺天德

指总统，英语 president 的译音，意为"掌理玉玺，享有天德的人"

伯理斯理

普利斯特里，英国化学家，1774 年发现氧气

伯路大孤

布吕达克，古希腊历史学家，著有《名人传》

希罗多都

希罗多德，古希腊著名史学家

希波拉底

希波克拉底，古希腊著名医生，被西方尊为"医学之父"

邻奈

林奈，瑞典动植物分类学家

犹伯拉底河

幼发拉底河

阿那多米

anatomy，解剖学

阿斯多底

亚里士多德

纽西兰岛

新西兰岛

八画

拉发夜

拉斐尔，意大利画家，善画圣母像

拉非泄

18 世纪时的法国化学家拉瓦锡

林伯兰得素

伦勃朗，荷兰历史上最伟大的画家

奈端

牛顿

欧吉利德

欧几里德，古希腊数学家，著有《几何原本》

欧伯拉底河

幼发拉底河

非力乃利

兰迪尼，意大利作曲家，乐器制造者

非也那

维也纳

非尼基

腓尼基，古代中东的一个民族，起源于今巴勒斯坦附近

非底亚斯

菲狄亚斯，古希腊雕塑家

罗革

洛克，英国哲学家，名作有《人类理解论》

和兰

即荷兰

和加耳得

荷加斯，画家，被称为"英国绘画之父"

和美耳

荷马，古希腊著名盲诗人

质学

物理学

肥乙大

韦达，法国数学家，被尊称为"代数学之父"

备根

培根，英国哲学家

底多努

提托诺斯，原是特洛伊王子，天上的黎明女神厄俄斯因为迷恋提托诺斯华丽的外表而与他结婚

底革利斯河

底格里斯河

底莫提尼

狄摩西尼，又译作德摩斯梯尼，古希腊著名辩论家

底摩革利都

德谟克利特，古希腊哲学家和自然科学家，原子唯物论的创立者之一

波斯

伊朗旧称

该斯奈

魁奈，法国经济学家，早年研究医学

九画

南亚美利加洲

南美洲

轻气

氢气

显理

亨利，葡萄牙亲王，航海探险事业的积极支持者

重学

力学

俄非德

奥维德，古罗马诗人

叙里亚

叙利亚

养气

氧气

举非也

居维叶，法国动物学家，比较解剖学和古生物学的奠基人

十画

都基底底

修昔底德，古希腊历史学家，著有《伯罗奔尼撒战争史》

都雷

丢勒索，法国画家、版画家

根斯丹典

罗马皇帝君士坦丁大帝

根斯丹典城

即君士坦丁堡，君士坦丁大帝于公元300年定都于此

哥伦威勒

克伦威尔，英国资产阶级革命家、军事家

哥拉尼书

《古兰经》

哥底

歌德,代表作有《浮士德》(《西学启蒙》译作《缶斯德》)、《少年维特之烦恼》等

较动物体学

比较解剖学

拿波伦

拿破仑

海根斯

惠更斯,荷兰物理学家、数学家

海敦

海顿,奥地利作曲家,被称为"交响乐之父"

流质重学

流体力学

十一画

基本

吉本,英国历史学家,代表作为《罗马帝国衰亡史》

勒星

莱辛,德国启蒙运动时期诗人,剧作家

梭革拉底

苏格拉底

梭都诗得

琐罗亚斯德,古代伊朗的宗教改革者,琐罗亚斯德教创立者

十二画

斯本赛尔

斯宾塞,英国社会学家、哲学家,社会达尔文主义之父,名作有《群学肄言》

斯米得

即亚当·斯密,英国经济学家,代表作有《国富论》

散多威知群岛

夏威夷群岛,又称为"三明治群岛"(Sandwich Islands)

葡萄亚

葡萄牙

棣么甘

德·摩根,英国数学家

筛师比耳

莎士比亚

奥大利亚

指澳大利亚

奥古斯典

奥古斯丁,古罗马帝国时期基督教思想家

十三画

雷伯尼兹

莱布尼茨，德国哲学家、数学家

路利革

留里克，俄罗斯留里克王朝的创立者，862—879 年在位

意比古路

伊壁鸠鲁，古希腊哲学家

十四画

赛挪

芝诺，古希腊哲学家，斯多葛学派（《西学启蒙》译作“斯多亚学”）的创立者

十五画

撒弗

萨福，古希腊著名女诗人

暹罗

泰国古称

稽古学

考古学

摩杂得

莫扎特，奥地利作曲家

额伯邻

福禄贝尔（1782—1852），德国幼儿教育家，现代学前教育的鼻祖，幼儿园创始人

十六画

穆罕遍谟撒得

默罕默德·伊本·穆萨，阿拉伯数学家，我国称其为“阿拉子密”

磨斯瓜城

莫斯科城

十七画

戴乐耳

即英国著名学者泰勒（1832—1917），著有《原始文化》《人类学——人及其文化研究》

富国养民策

［英］杰文斯 著
［英］艾约瑟 译

富国养民策目录

富国养民策序

是卷富国养民学，本宜归于学士可读之若等书中，余前在满折斯得城充富国养民学教习时，学士中有学习充训蒙教习者数人，余告以此等学术后，时于启蒙学塾中亦可归入可读之章程内。所毫无疑虑者，即士、农、工、商各类人均宜明策中诸端，理应用多教术，俾编氓洞晓良法。民间所以有各种恶俗，半由于不明是学而起也，如所言之工匠齐行罢事，坊作主制造停工，工匠阻挠新法，大众劝解和息言归于好各等事，以及妄费资财、不为老年设备并不念及妻孥、卒至穷苦无告，倚恃他人、好善乐施、钱财良法、中道覆败、俾人无望各节，明透习熟，可预为防范节制此诸多不美耳。前五十年时，英国有知富国养民要理者数人，著有数部书，略论富国养民事，意欲民多知多读也。著书人中有呼为怀利氏者，书序云：年幼诸生，于富国养民之理非不能学习，前曾有人尝试，深合宜适，当督

满折斯得即曼彻斯特

理学校之董事并课徒之教习俱应将此事视为紧要，勿令众人仍被错谬羁绊絷维而不解释也。学于民风有关系，不可不使世间各类人知其大略，余于满城塾训课学习教习人员十载，所得传授学徒循序渐进之新法，兹时从简将大略撮为一书，所冀望者，是书于学塾课徒用之外，亦可于由来未闻见是学书处无论何类人举借以为导引也。篇幅无多，有绝不讲论者，亦有极简略讲解者数端，更有较他端细讲论者，而其要有五，即所谓生殖财货、工作分路、出资本人与督办主人、并工作人交相关之事、并工匠立行会贸易兴衰循环诸节，读者得其滋味，获益后固有较是书词意深之书耳。哲分斯于西历一千八百七十八年正月三十日，序于英京伦敦书院。

第一章 冠首导引

第一节 何为富国养民策

富国养民一书，特论国中民财，此国较彼国充足富饶，实有数种原由，兼有善法使民庶贫苦者极寡，百工技艺俱得丰盈善价，要非谓属格致之诸种学问，均于富国养民无济助也。重学书中发明如何可得力，如何可得助力，并各等器具供使之力。化学书示知者，以法化生出有用之诸物，如煤油一种，原煤气局中秽物，可制为极嘉染料，可炼成最美香品，并可炮制为大有用之数种油。天文书赐予人者，驾货船驶行海面，测天之经纬度，即知行至地上何处。况翻阅地学，兼能指引余等人得地中蕴藏之煤并金、银、铜、铁、锡及他等有用物之诸利益乎？

设以安全民生为虑，欲求民得保生之善法复有属乎？

维持人民之数种学术，于余等大有补助。律例学论者，为律例范围，民生无枉无纵，一秉大公，如何可望民间下犯上、强欺弱之逆俗胥泯？国政学术论者，各国之法制禁令，为异为同，或得或失。至防疾学所考者，乃诸疾所由生之本。兼有较实数以知民生之学，搜取民间年中犯法者，千人中若干人，千人中生若干人、死若干人，并致富致疾缘事发达者各若干人，援数而勘对之，举可舒适人肢体，竟裕人财用，以及增人学问也。

统计学

富国养民策与他等学不同

惟富国养民策，与他等学不同，专论开财源、节财流之各等实政，即所谓财为何物，有财时如何用之得当，并以何法赖他等格致学得增利也。有轻视夫是策者，谓财利何足为忧虞，亦惟于仁义道德、爱民爱物、器量宽宏处加之意而已，存残忍刻薄吝惜心，以与世人交接，即可聚财致富，广收金银，不分散积蓄过多，诚恐招祸，聚敛钱财，远不若多费钱财为愈也，财聚则民散，财散则民聚，广施银钱济助，即得人心之美事，奚必讲求夫生财、招财之卑陋事哉？亦惟于高大者用力而已。

如是论辩者，误视乎裕国利民学意矣。各种学问，有裨人心术固嘉，开辟财源亦善，均应有殚心考究时也。且于民生有益之各学业，不能于一时同究察，天文家著书专论星，不能因其未论及身理他学，即藐视其天文。算学家著书止论数物几何，不能因其未论国政诸学，即藐视其算学。且著成启蒙书，不能将天文、地理、化学、身学以及属格致之各学，均萃集一册论解，要以各学分册讲为是。

格致学书，皆一种专载一册，此册专论财用，毋庸谓其有欠缺也。

第二节 人误视富国养民策之数种事

世人于此富国养民策应知其误视者不乏，实缘人心目中多谓富国养民诸策余知甚悉，何劳多费心力？讵知识见卓越之辈，闻明化学者谈及何物为何原质物与何原质化合时，不敢斥其言为妄；闻明天文者谈及日月交食时，亦不敢指其说为非；且闻地学家谈及石中蕴藏之物迹时，并不敢谓其论有舛错。独至言及富国养民应有善策，人咸谓予知已久；斯时贸易，情形冷落，人多谓我知其故；工价功费过昂，关乎市面货价增长，人亦谓我明其由；或他处工价甚廉，关乎此地货制造就，有不能畅销之损，亦自以为我知其理。若然，是于民最关紧要之诸事端，均洞悉无馀，知透澈矣，果其知之透澈也，胡为不能忆及若等策较天文、地理、并格致之一应学问益难参明哉？纵竭心力研求持筹，仍使我不能尽晓其精微底蕴处也。

当夫前时，人俱不满意于格致学，继知其益，幡然改其不屑视之心矣，于兹时也，有人谓富国养民策不足为学业，亦由于不知其利益耳，世之据己偏见一往直前行者，经有识者将其差误致告，伊犹不中心悦服也。譬云赈济贫民一事，彼则语人曰，亲就黎庶乡区施赈，自受跋涉劳苦，固属甚嘉，有以饥寒来告者，随时量为济助，亦不为不美。第有一事，从不细究诘：受夫赒济之若辈人，后此之行为奚若？惟知捐资施济，第见贫乏人得食甚喜，曾不虑及因此施济，待食者反随时多，斯时乞丐辈多行鼠盗为匪事，十人中有受赒济者数人也。由来于国家官绅赈抚贫人后，每见乞食者多游手好闲，不务正业，怠惰性成，年复一年之不预为筹画衣食。倘遵依富国养民善策，将沽名取巧未尝细酌之赈济财币，悉变而为教养贫民，肄业工作，以工代赈，使得尽自食其力之益，日用饮食外之馀资寄店存储，便为后日养老用，如是措置，设有依然耽安逸、不肯出力工作、预为老年筹备者，终其身饥寒冻馁，乃必然势，亦属自招之自受之而已。见识浅狭之辈，以此为居心残忍刻酷，是以有人谓此等论富国养民策者，徒为富者增富，于贫者无所谓利益，抑何其见之大相刺谬也？

赈济贫民不如以工代赈

画富国养民策者，于持筹国中人民如何可厚生利用时，未尝言富有家应积金满籯不动，亦未言人宜视财如命，并未言人应挥金如土。画策之意，不过俾人用财时，出之以精明深识，依限制、无虚縻妄费而已，家资丰厚者，有若许用财门路，邻里乡党，时遇困苦艰窘，应相机量为补助，立广集书卷之公书院，使无力购书者，随时得入便览，并建博物院、快观园、医疾馆，以及各等有益于民生之善堂，兼设分门肄业义塾，并诸学总会大书院，更于目盲、足跛他等遭遇祸患、穷苦无告之鳏寡孤独，均有善法补救。盖筹画养民策者，欲实惠及民，使民大得利益，不宜使受其惠者，生玩懈心，有各等弊窦，独惜向来行善济人者，以用策未善，不能成全其济助人之美意也。

更可惜者，工作人数盈千百，尽心谋画，欲得保利益，竟误用计策也。伊等连声气，结党与，立志不用新式造之器具，或以他法阻挠夫增益民财之善策，观其情形，俨若用力工作辈，自操有富国养民成算者，可叹其所见误耳。彼视为不令他人多得利，利可安然归己，若辈器识浅狭，行为止顾目前，不能有谋深虑远。推而至于通商贸易一节，亦莫不如是也，英国斯时，极知贸易不宜有限制，各国土货，俱应有无相通。他国不然，即英属地澳洲之议政院，亦设有限制贸易条例，不令他方之土产货物运来得善价销售，且以为是即本地人民得生财之良法，若而人者，胡为不知国赖以富，民赖以养，即在财产生最丰处所，由凭人借以开财源而增财用乎？多闭目不视何耶？凡属一乡一邑一国，生产制成之价廉货物，供本地人民取用，亦可供他处人民贩运，本地人民欲用他货，本地者价值昂贵，皆可由价贱处运来使用也。

贸易不宜有限制

富国养民之道，令余等人行事，不拘视浅近，务宜见深虑远，直至其归宿究竟，并令余等以庶民均得乐利为心，亦令余等以天下万国俱获乐利为意。英人亚当斯米所著有《富国探原》书，英国斯时兴盛，多由于研求其生财之学术致之也，缘其书能使人洞晓贸易应无遏禁，工作应无定限之一应利益，书出至今足百载，独惜人之不钦佩其良法，违忤其智谋，而行若等差谬者何其多也！有极的确之一事，倘人民不明乎顺道而出之富国养民学，难免不

英国富强在于研读亚当·斯密的《国富论》

妄造一于理不合之空论，故吾谓童幼男女业读，亦可读其书籍，便于知生财节用大略也。

第三节　富国养民策分四道

富国养民之道

试将富国养民之道略为论之：首言何者为财；次言如何用财，不堪适用者不得谓之财，人欲生财时宜先知用何类财；三言何以生财；四言所得之财，如何分归予生财有分之诸般人。外此尤宜微论征税一事，盖人民之财利中，理应有数分献与国政，以充维护民财之经费并治民者之一应开销，征税一项，亦可谓分财之一道也。

第四节　论天生之财与所谓富国养民之财为异为同

富国养民书，即论辨财之一门学术，余将于《辨学启蒙》书剖白其学术学业之义，是书无劳多赘，止论解夫何者为财足矣。

财之为财，人均以为知之真切，所难者在得财，不在视明何为财，而吾谓不然也。国中有称素封者多家，能解明财为何物者甚鲜，实缘确指出财之真迹，由来不易耳。常人谓金银即财，铁柍中广积金银者，呼为富有家，我诚语汝难据为定论也，家资充裕不存储金银者至不乏，每将金银寄顿于殷实银号，仅藉纸张合同，代为收藏金银之囊橐，其存储款项情形，只于簿册中书有数目字数个耳。子犹谓富厚家虽无裹金银之囊橐，殷实银号必有其囊橐矣，吾谓亦未定然也，银号中不过于帐簿登某某存款若干数目字，非必金银实在笥也。

君复谓不积蓄金银，有田地即为财，田地多即为广有财源者，自余等言之，亦视其地土若何，有于何国何方耳。地土有沃腴肥壤，亦有荒芜瘠田，譬于英国有地数百顷，则为极富户矣。设在澳洲有地数百顷，不得谓为富户。中国北口之外，草莱未辟，有地千顷家，亦不甚丰富，三江地面，肥沃产稻，果有若等地数百顷，诚堪为殷实巨富。是第即地亩而言，广有田地者，未必尽为富户也。

广有田地者未必尽为富户

更有人谓，能令人致富之肥美地土外，复有江河湖潴，多产鳞介水族，茂密山林，生有构室造舟之大木，且潜藏地面下有红黄铜、白银等物，有若等地者，可谓为富户矣，兼以土脉极嘉，日照光时刻较多，有池沼江河，并雨水滋润，不湿不燥，据若等土地之国，可谓为富国矣。所言似也，是即所谓天生之财，由天可以得富者，而吾谓仅有此地利，不加以人工，亦不得谓之财也。明朝以前，现时美国之地土，为红皮人居住，伊等不谙致富道，虽足履乎天生财源可致富之处所，犹不能兴人工炼制成实财，而恒受贫穷，则且反而论之，荷兰地土濒临海滨，不能树艺五谷，仅生草牧养牲畜，惟其人民识见宏通，精勤力作，凡属将来之事，均预为筹备，素来亦称为国富民丰。

红皮人指印第安人

据实而论，民富之国，因地利肥美而致者十中三四，因人工精勤而致者十中六七也，欲国极富，二者不可缺一，若英国、法国、美国并澳洲，俱二者相辅而行也。

第五节　论何为财

判别何者为财的三条标准

英人西虐，精论富国养民策中一人也，论财云：凡物之可迭更主人，多寡有限制，兼能由直捷明显，或经若许委曲婉转，由隐暗中使人悦怿，更能防范忧患者，则谓为财。援西虐公是说意，追忆遐想之，是凡归入财中之物，均应兼备能更主人、多寡有限、于人有用三端，方可谓之为财矣，果其摘取之三端有准无误也，余等于其说即得一无过不及之的当定明语，《辨学启蒙》四十四节中，有论定明语之若等语，设有人问何为定明语，可如是答之：即某类物所有之情形，分清其为若许种，并其中含有何物，未含何物，若等无过不及之简明定界语也。而余等将西虐公所言，由直捷明显，或经若许委曲婉转，由隐暗中使人悦怿，更能防范忧患之一长语，改为一于人有用简便短句。且有此定明语，亦须细酌迭更主人、多寡有限、于人有用之三等情形，诚属各有何意。

第六节　论财迭更主人

迭更主人，即由此人手下归于彼人手下之谓也，如钟表书籍以及古董文玩等物，皆属物之可而迭移更主人者。房产地土为不能移之物，立券为凭，亦可更易业主。并有不立券，官许之他等执照可奉为据者。更有作仆役供使令之人，亦为能更换主人者之一。他如工奏乐者，书堂司讲者，举可由此处经人聘请至彼处，要皆为能移易更主人之财也。别有若许可望而生爱不能移易者，富厚家可以钱财雇倩人充仆从，不能以钱财保其身无疾，可以资财请医士理疾，不能以资财保其确可医愈。且亲戚故旧厚待我之仁爱，并我不愧天、不怍人之良心，以及吾脏腑无旧积之宿疾，既不可以重资购买，兼不可求善价售卖，并衷怀所生之快足，亦非可以钱财买卖者。钱财可易珍宝等贵重物，为用实不乏，惟有较奇珍异宝尤贵之道德仁义，非钱财所能购得矣。是以讲论富国养民一种学术者，于人享之诸端福，有论讲有不论讲，属仁义道德类者，既非财之可买卖，策中即不论讲矣。贫寒之辈，倘恒存懿美之良，亲其亲，长其长，仁民爱物，内省不疚，自必较良心丧失、不敬亲、不爱人、身心有多端愧耻事之富翁，福田尤大也。于是还而论之，发福生财者，不将良心昧灭，亦不杜绝他等增福源头，财所增助之满足，与心中充满仁义道德之真福，同时享受，亦无不可者。财虽非世间独一超轶美物，第即财观之，亦非无可嘉处，因财之为物，能令余等人不苦累，能以之御寒充饥，无冻馁之虞，并能俾余等以其易有用之人马夫役，供驰驱，效奔走，兼可以之采买保养身体物，以颐养天年也。

钱财不能购买道德仁义

第七节 论财多寡有限

风气指空气

斯时论至第二立足处，举凡多至无限制之物，不得谓之财也。取之不尽，用之不竭，人多不郑重宝贵，谁复加意搜求？譬云风气，人不以财视之者何也，即以其随处流动充满，启口即得，亏缺不足时甚寡，非谓风气无用也，余等人赖以存活，为用极大，第言其不用一钱买，随时用之自足，不得谓为财耳。惟泳气钟中，或地下极深之煤窑盐窨中，断不可缺少风气，有风气人方能在内操作，是风气亦可化为财类也。于地下穿凿行火轮车之暗路，亦以风气为宝，风气不足处，人由山巅凿出向天通引之巨孔，凿孔用之经费，即采买风气之价银也。

论及金钢石之为物，价值极高，为用虽大而无多处，以之充装饰，刺玻璃，钻坚石瓷器等物极良，价高之故，即以其既罕得，兼有大用也。苟非然者，金类石类中，亦有若许平素不多见之物，仅见有散碎块点，惟其无用，是以价值不昂也。复有一种既不易得，兼有大用，而价值甚昂贵者，如金类之以利点即是，为用，即安于黄金笔头锐尖端，泰西近时用之，取其端不轻坏，因遭逢此品物时极寡，是以价贵耳。

第八节　论财于人有用

斯时论至第三置足处，属财之诸物，均为可充何项用，或为可适人意，令人羡慕而欣喜者，西虐公所言，殆不误耳，伊云有用之物，由直捷明显，或经若许委曲婉转，由隐暗中能增益人喜乐，防范忧患，实有真凭也。即如琴瑟笛箫管弦类，吹弹之声音，调谐疾徐得当，轻重合宜，深足悦听者之耳，增其喜乐。药剂吞服入腹，可立时消除痛患。惟有时不易辨明物增之喜乐多，抑疗除之痛患多耳。有如日必再食，是饮食可防御饥饿痛患，物味美可适口增乐。举凡可增喜乐减痛患之物，皆为于人有用者也。故论富国养民之书，道及喜乐亦只总论不必析言属何类也。且余等亦不必细论夫物由直捷明显，或由委曲婉转隐暗中增乐于人者为何也。如彰身之衣服，即由直捷明显增喜乐者，或谓成作衣服之针线剪刀，即由委曲婉转隐暗中增喜乐者，更有织绩用之梭，与机杼等器，以及经纬线料，俱由暗中增喜乐者，用处即在能协力造成益人喜乐之物件耳。有如乘车出门也，所乘之车，即由直捷增喜乐者。他如裹馃粮之橐囊，并糕点盒，以及水车酒车等乃由委婉旁面增人喜乐者也。时或有增加喜乐，难决其为由直捷明显面，由委婉旁面者，如夹食物向口送之箸形迹，较食物孰为直面孰为旁面，则不易言矣。

有用者方可谓之财

第九节　论财物

财之为物上文业经详论，兹时可论及于货。夫所谓货者，即财中之有用物，能更移主人、且多寡有限可售与人者也。如羊绒、棉花、铁、茶叶、书籍等，均可视其情形，如何面目之为货。如绵羊丧于山中，其身之毛尚未剪下，不得目之为货。矿中铁石不可挖，而炼成铁者，亦不得谓之货。所谓货，即于人有用，售卖有人，购买有人，属乎财中之物，财更溢于货外耳。

第二章 论物之有益于人

第十节 论人所需之物种类甚多

大抵人于所需之物，每种用者无多，用此物少许，复用彼物少许，从不拘拘于一种。譬云人食之物，不惟白米一种，必兼食鸡鸭鱼牛羊肉，并麦粉等物，即人愿于各种取少许，不愿于一种取无限之多也。更言及人所衣之服，各袭不愿皆同，有寒凉时服者，有和暖时服者，并有燕居时、出门时、宴会宾客时各所宜服者。不惟是也，阁架中胪列书籍，止以同种者多部排列，于人无大益，必属各异种次第陈设，方可于人多益。由是思之，乃知人于世间所需诸物，顺其本性，均欲多取数种，始也有所歆羡欲得之一种，既得此种，自必有复欲得之他种。是即西虐公所云，人需之物，各有其种，种类复生生不穷，于富国养民

人需之物种类繁多

学，为极关紧要之一理也，盖物非异类参杂，不能满人所欲耳。

人于所需之物，自有依缓急为率之先后次序也。即如饮食之物，固人所不可或缺者，设不能得兼味他物，即蔬食亦美口香甜。如家道不甚贫寒矣，蔬食之外，又欲得嘉肴果品等，可佐多食之他种美味。食用既足，更欲衣服美备。衣服既备，复欲得巨室栖身。是以富者较贫者室深大也。室既美哉轮奂矣，尤欲广置几案，陈书籍琴瑟古董文玩字画等，以壮观瞻。日用必需之物，殆可如是列成次第，首为所呼吸之气，次饮食，次衣服，次房舍器具，再次则书卷文玩也。

人于所需之物有轻重缓急

资财丰裕者，悦玩物之心无餍足限量，既于城中置有宅第，复于乡间广筑屋宇，无论积有若何多财产，储有若何多珍奇物，心中犹不满足，仍属肆意搜求，愈多愈善，从无觉财已生足，不必复多之分位。要为有技艺格致学之国始如是也，未沾王化之野地不然。兹既居于政教良善之国矣，无论积聚若干财宝，总有羡慕现尚未得之他物也。食既足矣，未有不期衣美者。衣既美矣，未有不期居画栋雕梁室者。国中人民，初何尝有财用充足自慰时哉！且偶有生财过多时，必属于一种货，决非于各种货。譬如耕田者，播而收获者尽麦一种，不树艺他物，必至售价不昂，几至折本，伊等务代麦种他等谷类，兼收养牛羊供人肉食，力田者果如是经营治理，可不至受穷乏矣。由是而知新式样气机等器皿，创出一具等于数十人，工作时不必惧

资财丰裕者物欲无限

工人无所业之事，虽于此等艺业不能谋生致富，犹可谋他种事业养身也。

第十一节　物至何时于人有益

兹时应致问者，即物于何时有益于人，何时无益于人也？要专视乎人需用不需用。大凡距人极近之风气雨水石土若等物，不归财类，即因余等人，或不用，或用无几，随时取之可得。试为详酌，水诚有用与否，设言水为有用，属何意乎？尝闻人云，万物中极有用者，莫水若也。此言实不误，惟于极当用而宝贵之处所，并急需用而珍重之时日则可耳。倘雨泽过多，水盈庭无消路，即为无用物矣。况有深淹墙壁，使室内潮湿人患骨节疼痛时乎？是有用益人之物，亦或变为无用损人之物也。掘井而得甘泉，深足解人渴。煤窑中由旁泄入水，阻人不能工作，时或水冲坍塌，压毙人命，夫不谓人非水不生活乎？亦有变为灾祸之日，国中雨旸不时，或经年不降甘霖，澳洲有连旱二三岁时，甚至内地之江河湖潴涸干，水极宝贵，牧牛羊之童子寻得一极污浊水池，亦珍重视之，以其能免牛羊渴毙也，彼处曾有购水一桶，费价银七钱之时。大旱之后，恒继以潦，江河水势汹涌，桥梁折断，房屋倒塌，人与牲畜，率多死于泽国，是犹不得谓有用之水，变为大患时乎？故余等谓，言水有益于人时，亦应慎尔出话，无逾分位也。惟在极当用之处所，并急需用之时日，与人所欲用

人急需之物方能于人有益

之多寡，可谓水为有用，盖能用之水即为于余等人有用，不能用之水即为于余等人无用耳。

凡物多寡有限制，始可谓为财之语，至此知之确，而明其为如何矣，余等无论于何物中，总不欲其至无限制之多寡。一日之中一人饮之水，不能逾数升，所食粮米，不能逾数斤。即如南美洲产牛最多，极肥之牛肉，不得列于财物内，实缘人不能胜食也，不若在他等少产牛之国贵重，价值甚廉，非以其不能养人也，亦以食牛肉者甚寡耳。

第十二节　论应求者

人于富国养民书应用功求者，惟人需用之数种物如何可筹备供用，使至无虞缺乏分位，首推为要者，即应知人需用者为何物耳。倘造作成者，为世人不恒用之物，亦徒劳无益。成就之数宜有若干，惟以人需用之若干为限。工匠造桌椅，不能造桌过多，造椅过少，务以彼处人民需用之多寡，配合得宜为率。论及各种货物，亦应酌拟世人需者为何，即迎时为之造作运转，供给其用，第不宜预备过多，虑人枉费工作，不若将力施于他等有用之工作也。

复有一事，制造需用，物以多用力为宜，工人操作，极受辛苦，人奚必过操劳哉？澳洲一教习所著书中有谓，富国养民策之若等学术，即详明如何用力操作，供人需用，并指示余等以何极简便捷径能得，大抵所求者，宜以既可用力极少，兼能得财极多为意也。

第十三节 财货应何时销化

财货及至销化，其有用之益处既尽矣，如煤与糕饼食物，煤烧化而为灰烬，糕饼食既无馀，杯盘破裂，琴瑟毁坏，如是各物皆失于人有用之益也。肉收多日不食，味变色恶。衣服既变新样装饰，旧式衣服等于无用。本年之宪书，本季之缙绅，本日之各等报，与各项传示，越其年月日即为废纸。房舍经久，当相势修补，不然即不堪栖身。草垛高大，举火一炬可尽。船浮水面，进入水，沉至水底分位者亦有。是皆至有益之物，变而为无益物也。盖销化财货，宜适当其时，应用之时日既过，则晚矣。

销化即消费

销化财货宜适当其时

余等于己所有之物据理言之，每欲将其利益得尽，物中或有用之时日恒久，无所谓销化者，如一部书籍，一幅图画，阅视之日愈多，得益亦愈多。设将此等书籍图画，过于他人手，他人亦可得其益，是即可谓多增物益也。各城立有公书院，博物院，广览图画院，俾大众均可入而观玩获益极多，花费极少，盈千累万之人，可继续得其书画等物之用处耳。

财货中有仅用一次，不可再用者。如饮食之物类，止可供一人用一次，不能令人于此一物展长其获益之工。既属如是，余等于此等物，当于其大有用时用之矣。设有人失路，误入旷野，囊中食物无多，务宜撙节俭省，不可一日食尽，恐相继有数日乏食也，故务将食物析为数分，每分应于壮精神气力极多时方食。商贾于货物畅销大得利息时，所增之财，亦应如是节用也。百工技艺，于雇用家多而工价大时，不可将钱财用尽，防备后有无人雇用工价减落之候。年力富强时，财有盈馀，莫于无大用之玩物中枉费，何若积蓄存储，至老年取用，于我有益愈多乎？诚恐年至耄耋，养给性命之资，不易得也。因用财始生财，生财得其道，用财亦应合宜，惟在于我极有益之时用之而已。

财货应于大有用时用之

第十四节　论人于销化中之误视

尝闻人云，广费资财，即鼓舞商贾，使贸易兴盛中极嘉之一道，诚属人所应为事也。为是说者之意，殆谓资财存储不用，懋迁之货，决不能畅销，工人亦不能得善价。货殖之铺商等，自以此言为是，伊等意显而易见，商客来店采买货愈多，店商得之利息愈广，即采购家亦多以是理为无误者，缘伊等极喜采办新式衣服，并他等人所欣喜之玩好物。然即是语思之，伊等如是论辩，亦非无误在内也。

消费之益

实则广资财者，不能不以资本谋生息而充工费也，虽不用此种技艺工人，决不能不用他种技艺之工人。设将馀银存储银号，号商不能徒韫椟藏，必以之权子母而为得利张本。银号放出实银，人得藉以制货物，造房舍，购办船只，多雇各类工人，经商家增大其贸易事业，或购铁路股分，或与某矿局公司合伙，何人领取银两，何人即以其银为生财之资本，倘富厚家将金银积聚家中，不用以作生息，己即不能得何利。然此金银，既由流行不息之金银中取出，决有他处源流来之金银，代是金银流行于各国中也。设有家资富厚者多家，俱积蓄黄金不散放，亦无妨也，实欲鼓励淘取矿金者事业兴旺，俾若许修造铁路之工匠，多弃其业而就拣金事以致富，以金为业者，不益以多乎？

由是观之，乃知富厚家斟酌用其金银，不在估计工人若干，而在拟定召募工人，操作何种事务也。譬犹立意请多位客官，各客官均穿戴古衣冠，相聚嬉乐，其成衣匠绣匠，并售卖绸缎哈喇者，自必一时极觉兴盛，如是请客者仅属一次，贸易中不能得多鼓励。设此处彼处，仿而行之者多家，成其衣冠之工匠，并绸缎店商，自应有多人趋赴其处，欲获财利，而各项生财之人数骤增。不第此也，家道厚丰者多人，合伙以金银创铁路，相度地势绘图立说，熟谙地理之人自必增数，造办铁路器具之匠必加多，况挖运泥土之夫役，炮炼矿铁铸铁条使或轨道，并打造火轮车之工匠，人数众多乎？俱因富有大业家，喜出金创新铁路致之也。

有欲辩论金银应否用者，更问以请多客妆扮古人之费，造办铁路若等费，何者增民间之乐利？夫费资财购古式衣冠，或邀客观戏亦为益甚暂耳，事过境迁，即无所谓益。新成铁路目前之乐境无多，惟货物运费减少，物价减贱，城内居者可随时赴乡间多花草处观瞻游览，岂似无铁路时闷居城中，永不获觏乡间美景？呼吸之风气频换，自不染疫气疾病也，乘火车至远方遨游，或观海涛，或望山景，坐言起行，身体无不舒适耳。

于是思之，乃知人于销散资财，视为分所应为事矣，第恐误视为于贸易家有何利益也，惟应视乎销财事中，或于己或于他人得有何等利。

第十五节　人蓄财不消费之误视

则且反而论之，有人误视消费财为不嘉矣，适与上文言者相对也。伊等视积有资财存号商出放得利为极美事，甚至有将黄金藏笥中不动者，即俗言之看财奴耳，百人之中，总有三五人，于纷华靡丽场中毫不费财，欲积金银成巨富，即日用饮食衣服，亦过于省俭，还而论夫若等人，于市面有损乎，抑无损乎？知其实无损于市面也，不过使国中财物增数，无论时之早晚，决有人以其财为资本而取利，更有将其金银或寄存殷实银号，或入于他项按年计利之何公司等处者，如是为之，必增国中货财数也，俾精于经营造办者，赖其金银多造铁路，广修桥梁，并建筑制货物之巨室，与停泊船之水塘，何一非大有用之操作哉？复有一种不知筹画，不加思索者，惟知嗜悦口饮食，服华丽衣裳，漂荡闲游，浪费无度，若辈散发资财，世既不乏，

蓄财不消费为守财奴

诚堪将积银钱发号商得利，使国中获国宝源流利益之项，援而与之成抵牾势耳。

人皆宜不误视若等事也，只知积财以增财源资本，从不使财有他等销路，亦未为尽善。物之所以为财，亦视其时常于我有用能增加乐利于我方谓之也。设世之积蓄资财富有家尽将金银归于造办火车铁路，并各等贸易公司股分，铁路并公司中资本过巨，每致积聚壅滞，反不能活泼流通，铁路过多，无多货往来运转，是将有益之财，置于无用地矣。譬犹以金钱造停船水塘，无船停泊，金银即妄费，船既造成，无客人乘坐，无货物装运，船亦徒成就。造巨室织布匹者，亦宜预先相度体察，务以民间需用布匹之多寡为准也，布匹数果足用，奚必更造巨室哉？

由是观之，是财本为人有各项消费备者也。余等宜求者，即令财用增己之乐利，并于己所分应关照之戚友邻里乡党，增极大之乐利耳。

第三章 生财

第十六节 生财不可缺者有三道

人于工作之中，首宜酌量欲用者为何物，次即其物言之，或可得现成者，或宜开工制造，而生其财物之工费，务以愈少愈妙也。欲知费工少生财物之所以然，应先体察人赖以生财者有几何项，斯时所论者，即地土居一，工作居一，资本居一也，生财时三者合一处，如工作事加于地土也，必以资本购各种器具，以供操作人需用，况于工作时，不能不度支钱财，充工本费用乎？下将三者依次详论之。

人赖以生财者有三项

第十七节 地为财之本源

财原为地中生者，人欲得财时，每向地下讨取。或向江河湖海取生财之物料，时而由地面得来五谷，由地中得五金各矿，并时而由海内得珠宝等物。如地面生者，有五谷、菜蔬、果品、六畜、野兽等，并有成衣服用之麻、葛、棉、丝，与各种皮货。挖掘地下，得金银铜铁锡等金并煤炭石灰类。于江河湖海中，得所饮所食者外，复有油与鱼骨、玳瑁，并珠宝海龙皮等类。大凡有所工作，不能不借资材料，料物要俱由地取得也。譬犹缝衣之针，与居家用之剪刀勺盘等什物，工匠无非取铜铁锡铅等充材料造成。织绸缎绫罗，不外乎食桑叶蚕吐之丝与各染料耳。所首推为极要之一事，即为工人预备适用之材料也。 财原为地中生

且向地讨取者，不第有质物材料已也，而有力加于材料质物上，或炮制，或运行，亦或由地讨取。要非谓只加工人身力已也，外复有相助出力之诸物，即如牛驴用以磨面粉，船只用以运载货，以及用气机等器引水，并成就各种劳力工作。余等由地得来材质，并由地得来助以工作之力。海有助余等处，气亦有助余等处，其自然大有补助于人之诸物内，为人备极要材质者，即地也。因地多得日光烛照，多得雨泽滋润，经人力开垦成熟，可树艺五谷，并种百果菜蔬。诸生留心记忆，凡推地立说时，并飞禽翱翔于内之气，水族游泳于内之河海，亦属乎地也与庄子言人时

亦用物字意同。地球面四分之三为咸水，产财货种数不多，由海得者仅有海藻、水母、海龙，并鱼鳖虾蟹各鳞介虫类，外复有数种植物。凡语及地时，意即以其为生财之源也，供给人生于世间需用之物，无不统括于内耳。

第十八节 工作

第即自然有助于人之诸物言之，犹不足为财也。设有人旅居于沃土肥壤面，不以工作力将地中去人近而利人之诸物取出，亦不能不冻馁死耳。果实盈满枝头，经人摘取下始可归财中果品类，以供人食。兔鹿生长旷野，必经猎户擒获，甫可置釜中烹为肉脯。设欲衣美服，居华屋，食前方丈，不能无多端经营操作，务先鸠集各等材质料物继之以绘妥图式，后方照式造成，一切成为衣服房舍等之财用，大率由于平素精勤，处事豪爽，技艺工巧中得来也，十之二三由于材料本质之丰足。

勤于劳作才能使自然资源转化为财富

夫北美洲境地，上文四节已言及，土性沃腴，地中蕴藏者，金银铜铁锡铅煤，一无所缺，江河中水族极多，林木材质绝嘉，国中不可胜用，并他等凡可目为财者，无一不充足美备。当欧洲人民未迁去之先也，土人居住极形贫苦艰难，伊等知识浅陋庸愚，惰于操作，不能忆及各等精妙法，虽有若许材物，无术使之变为致富源头。如是观之，极明显者，是非有勤谨恒久精明灵巧之工作，不能使之化为财也。

第十九节　资本

于有材料精工作之外，复宜有资本也。招工人用力操作，应有资财供给食物，日不再食则饥，一日绝少须一餐，大抵一日之中，饮食二三次耳，工作者粮米缺乏，务赴他方衆取，免得身受饥饿。譬犹无何米粮可搜罗，地下之菜根亦可挨次挖挑出，他如形似粟之草子，走旷野之兽类，以及树结之果实，何一非可预备充饥者哉？第若等工作，过于操劳，费工极多，得者甚少。如澳洲本地土人，捉呼为俄波孙之升木兽以供食，无铁造之斧斤，见俄波孙隐于树枝，每以石斧伐树，树倒，遂得其俄波孙而饱餐一顿，仅于饿甚时起而寻食，何尝以方便良法预备平常用之饮食衣服也？譬云欲树艺五谷也，必先以耒耜耕地，布嘉种，设藩篱，继之以除草壅土，俟半年之久，方能得供食之谷实。彼处土人，蠢顽不灵，胡能俟耕种耘锄，春种秋收之若大时日，讵知树艺五谷之事？即上所言费工作少获利多之事也。奈以野地土人，不谙稼穑良法，惟食野生之草种子、蛐蟮并俄波孙等，致使每饭须伐倒树株。噫，伊等何其堪怜也！

俄波孙即考拉又称树袋熊

语云：勿临渴而掘井。此言诚是，第于掘井时以何者为食乎？必有资本始可赖之掘井得水也。无论世间何工作，除极费力者不计外，十之八九不能无资本以备供养工人之米粮。因工匠工作时恃乎财，是以谓之为资本耳，亦可呼之为工本，无工本谋生之若等人，不知借何者糊口，恐不能免于死亡也。如斐洲偏南之地，荷兰国人，英国人，初赴彼寄居时，去海滨而进入内地，倘伊等携带之资本器具米粮等物，尽被其地土人恃强掳去，当是时也，伊等将无暇制器用什物，并天生之财物，无灵器具可得矣。将见器皿缺乏，奚能构成夜可安身之处所，并可悦口之食物乎？英国有著书才之女史，名马耳低挪者，曾道及此事，意欲令人悦观，尝以小说法，言动人听闻之若等事，即其书观之，知资本为万不可缺之物，并知资本于人，如何有大用矣。

资本既为合地与工作生成者，余等论及不可缺之事，即难谓资本可与地并工作一律视矣，实乃稍后于地与工作耳。虽属如此，然平时不得谓不需少许资本也。如将兴工作之先，极后之一餐，即为现工作之资本。倘有人问此等资本起于何日，则将答以实堪以古人未得火食之先，食其所居国中现成之生活物时为源头耳。余等人将有工作，所应用之饮食果品，并杯盘勺箸等件，以及衣服房舍，如是之多端物，非赖有资本胡能得哉？诸多物预备妥贴，工作时可安心无顾虑。资本之所以为不可缺，不第因其能令人工作，更因其能令工作时省工省力无枉费而适当也。既属如是，而资本于处世不可缺者中，堪视为次等矣。助人力作之诸物，并人工，皆属不可缺之上等。居其次者，即资本耳。

第二十节 如何工作可使生财极多

工作中所宜求者，即施出之力，无过不及，适当时生财极多也。细为推揣，知用操工作应得而不可无者有三事，试为胪列于下：何时得宜，何地得当，何式样合宜。

第二十一节 工作于何时得宜

所谓得宜之时刻，即何时易于工作，何时生财极多，在其时刻用力操作也。譬犹垂竿钓鱼，或清晨，或日暮，鱼喜衔饵上钩，清晨时分日暮时分即钓鱼之时。农夫以巨镰刈草莱，曝干积成垛，烈日炎炎之下，即为应刈草之候。惠风和畅，理风磨者宜乘时磨面粉。水溜迅疾，理水磨者乃乘势设轮机。帆船主放船涉洋，每于潮平浪静风顺际。农人尽力田间，由古至今，年继一年之遵循父老相传之定章，深晓何节令月日中应有何操作，若者种子宜播于春，若者种子宜布于秋，车载粪地物运至田间务于严冬地冻时，即设藩篱修星宇亦务在无耕种收获之农隙时耳。纳禾稼而登场圃也，应适于五谷成熟，天朗气清日。瑞典国、挪威地人民，多于小暑、大暑、立秋、处暑四节气中，镰刈青草日晒干，伊等于刈草工忙日，绝不使翦伐树株之若等工作相干涉，深晓夫冬令严寒，日色不暖，大可入山林翦伐树株，加以彼处冬令极长，降雪时多，每致雪满山谷，沟壑皆平，所伐下之树株，顺其平面易运至江河畔，及交春后，冰雪融化，水由山谷冲下，直奔注各江河，而伐下之树株，亦载沉载浮，随波逐浪，漂至海口，或各埠头处矣。栋梁之材，或供本地筑室用，或运出口而赴他国。大抵即应乎人之恒言，明日不费多力可作之事，今日毋庸预作。复有一还而反比之恒言，更觉恰当，今日不费力可作成，俟至明日须费多力者，不必俟明日作。然临时审度，或宜于今日作，或宜于明日作，苟无工费资本，将赖何者斟酌工作乎？

第二十二节　工作施于何地获当

凡属工作，俱宜得适当之地利。果品树不植于海滨沙滩，播百谷不在磐石硗地，要均选肥美沃野，诚以嘉种不遇膏壤，亦徒劳工费耳。而可种植五谷之地，土性亦有优劣燥湿不等，此地宜稻，彼地宜麦，自于宜稻处种稻，宜麦处种麦。英国葡萄造酒不甚适宜，法国、德国、西班牙国产葡萄既美且多，以之酿酒极嘉，堪推为上品美酒，商客之欲以葡萄酒为生涯者，应赴德、法、西诸国开局酿造，或采购彼处人民酿造成者，贩运之更善。英国土性膏腴，多降雨露，生肥润茂草，牧人以之养牛羊，可多获乳油奶饼。垦成熟地，种麦极良，有此等事业，奚必复忆及造酒哉？

葡萄酒以法国德国西班牙出产最佳

意欲令天下万国，生财及至极无以复加分位者，每国均应加意于本国易生之货，使多生之也。本国所无而需用之他物，赖各国通商之船，由他国运来可得。即如美国产者，有麦与棉花并猪牛等肉，以及果实煤油、金银铜铁等。澳洲并斐洲偏南之地，产有羊毛、牛皮、白糖，与严装于马口铁箱之肉食等，兼有金、银、铜、金钢石。中国产者有茶叶、蚕丝、白赤糖、大黄、草帽、辫、桂皮、樟脑各等物。印度国产者为棉花、靛青、麻葛、稻米、白糖、各种香料，并可造为油之各粒实。中斐洲产者有巴拉马油（即窟莽油）、象牙、麻栗等树。波斯国产者，有安息香、阿魏。南美洲产者，有牛油、牛皮、牛角、牛骨，并牛肉熬炼妥之肉精。太平洋中有鲸鱼油。天下各处，俱有较已本处生尤美之各种货物也。倘万国执政者，俱尽心于以有易无，立约通商，能将此地产者运至彼处，彼地产者运来此处，互相贸易，俾地面居之人无缺乏何货之虞，适可显其明于治国之道矣。

各国著名物产

以有易无立约通商方为治国之道

第二十三节　工作宜极精

工人居肆坊工作，宜加慎者，即诸人所业之事，尽精工，不妄费操作而或有失误也。同一工作，法有优劣，工人选极嘉之法，端赖乎己心精明灵巧，或为精明灵巧人经理指点耳。更宜将此种物工作中之各工作，分与各擅其长之工人治理，俾每人可尽其聪明才力，用极当之长处。若此，是推为极要者，已心先洞晓格致学中论本行业之始末也，继将其各端工作，分与精于各工作之人。

第二十四节 应洞晓格致学中论本行业之诸事

欲工人将所业事，作及至极无以复加之分位，不第宜心灵手巧已也，亦应于本行业所使用之各物性，俱深晓其按格致学论之大略，要即在灼知何物为何物之原耳。知何物为何物原之谓，即提取数物列于一处，可使其生出某物。譬犹气机，乃瓦德创始造者也，伊能造成气机，即因其知热加于水，所生之水气涨发，而有极大力。试为详细论之，生火之炉，与煤，并气箱，并水，四者合而用之，可为生大力之原，此则瓦德所由知之真而造成者也。凡余等欲用何工，成作何物，必先考究明透生成其物之原物为何物，属乎几何种，生成物时若何，即不徒劳力而令其丰盈富丽，若是之真知洞晓，可防闲若许枉操劳之工作也。

侯士勒即天文学家哈雷

侯士勒，著谈天书者也，曾道及格致学中告知余等所求而欲作者，时或有于理不合之情形。如恒欲造一自行轮转永无停息之机器，不能成就，即是复有明显告知者，于成物时，余等妄用之法，实差误也。即如熔铁之匠人，平时以为铁熔于炉，应用凉气吹入，不用热气，明格致学者，言吹入火炉之气，愈热愈嘉。格致学复有一美处，赖其明告之语，于作工时，俭省若许工夫。如管驾船者，由来于将开船之先，确知潮水何时分或涨或落，便于使船得顺水之益，兹时测验阴晴风雨家，新绘有海面图说，所开载者，何水流会集何处，何地有何风等事，十分完全齐备，俾船驶行洋面，船主照式管驾，可速至所有前赴之口岸。格致学示知者，时或令精明灵巧之工匠，推测出众人想不到之奇妙技艺。即如以光照像，电气通信，并得律风将口声传及远处得闻等事，均可谓于工作妙法内为最奇异，于人为极有用者矣，大抵即由格致中兴起也。人之所以灵巧愈于禽兽，半因格致得来。拉丁诗家道者亦非妄，伊曾云洞明事之原由者，为大有福分人也。

得律风即电话

第四章 分工操作

第二十五节 分工操作何由创起

凡属有大工程，集多人工作时，一人大抵可督理一处事，他处诸事，各归他人经理而已。诸多工人，由渐分为各种手艺，无论于某何城有工作，工人不能不分为数类，万国内苟非野人居处之地，殆俱如是耳。每一乡区，均有一路铁匠修铁器，一路木匠修木器，一路售卖煤米油酒菜蔬之人，供给其日用所必需物。且不第此也，即近在一家之中，亦有分劳之工作，为夫者理外事、耕田、伐木、捕野兽，为妇者理家务、炊爨事外，乃纺线、缫线、织布帛，男子随父出外牧牛羊渔猎，女子随母家居习针指活计，各司其业，各理其事。由是观之，分工操作，殆自有生民以来，所不能无之，各尽其道也。

自有生民以来即有分工操作

迩来分工操作之事，极觉烦杂，不惟每一乡区判数行技艺，即各地专行业中，亦析为数类。大而天下万国无论矣，虽一国之中，东西南北产之货，亦各有所专。即如中国，江宁出贡缎，苏杭出绉绸，铁货来自山西，瓷器陶于江右，他如麻布、葛布织于四川，棉绸、茧绸织于河南、山东。以及同为布也，有广东布、松江布、山东布、衡水布、郑州布之分。鞋袜衣服分京式南式，京花贩运于各直省，草帽辫编造于北方，即产货不同之大较也。更论及大作坊局厂公司中，司事务者，首推总办，次及副总办，次多位帮办，次各路工头，复有按照有定之时刻督工者，司理气机者，管续煤撤灰者，更有专事工作之人，与仆御夫役，并通信函人，负担荷人，兼有每行中之精巧工匠。推而至于国家政事，亦分归于阁部院府俱理，其本署中分应主理之事，盖无论分位贵贱，俱析分其操作之工也。

第二十六节　亚当斯米论分工

分工操作之局势极多，惟推亚当斯米论者极嘉，伊论说之语，学者宜先加意矣。伊云，分工得之益有三：工人各因之增灵巧才干；能省由此路技艺手到彼路技艺手多费之时分；制造若许助力省力之器具，便于一人作数人工。分工操作之益有三

分工操作，工人各因之增灵巧才干，乃无误而不可疑虑之事。如未尝专心习练巧妙戏耍法者，遽尔登场作戏，决不能有障人眼目之美观。未尝殚心习抚琴者，欲效法善

鼓琴者抚弄一曲，亦不能发动人听闻妙音。玻璃匠吹软质玻璃成器之业，视若无甚巧妙乎，使平素从未习熟其艺者，亲手理其事，并不能吹出各种奇异美式器皿也。即一人专习一种手艺，亦属久于操作者成功多而迅速。斯米曾如是云。铁匠打造铁钉，夙昔未尝习其业者，一日成造二百枚，且不甚嘉，曾经习其业者，一日可成造八百枚千枚不等，自幼习熟其手艺者，一日中成造至二千三百枚亦可。此等譬喻，无庸多增，凡余等所见极精工雅致之器用什物，均为费若许时日习熟此业之人造成者也。

每人于一日中，如数次易其操作之事，将徒耗若许时分，于每种工作之先，必预备造作之器具并材料，设欲成造一木匣，凡所用之木与铁钉，并各等材料，俱凑集现成，如于此木匣外复欲造一木匣，省若许选取之思虑周转，倘相继而再造者，不为木匣，欲作一双鞋，或写一封信，须先搜寻造鞋之家伙物料，或写信之纸笔墨砚矣。手艺人更易其所业之事时，生有多端濡滞耽延，数数如是，恐勤于操作之人，将变为游戏怠惰人矣。

斯米又云，分工操作，能令人多造出既省力兼省时分之机器，此何故哉？实缘伊等俱专心致志于己所操劳之一路事业，自必追究出多端便捷法耳。而斯米氏之是言，恐未臻乎极确实周到境域也。论及才质平庸之工人，谓有时以新法造出数种可省人工力之机器，为有据无误者，第即分工操作，能令人造出助力机器之大略言之，实缘精明灵巧人，恃此分操作而得有机缘，将创造新奇助力代人工作机器之事引为己任，专业而造出者耳。创造助力代人机器之著名者，有首先造气机之瓦得，复有白拉马，富勒顿，罗伯子，那斯米与名呼为后者，并非贝那，挥得握，斯低分孙，挥得斯顿，贝西末，西门诸辈，此类人能造各类利器，非止因得有专业机缘，以其原具有粹美才质，复壹志凝神，尽心研究机器中之奥理，遂想出奇妙新法，造成各等异式机器。外此而谓分工操作，有补助于创造器具，实缘此等多分操作于各种行业之公司坊作处，俾工作人等，创造出有法式不同之各等助力机器也。美国斯时，操作之工，年复一年，分而复分，甚至有数种货物，每种尽于一坊作中制成发来，坊作东主，恃其资本丰盈，不借他人力，可为专制造之货，增出助力之若许新式器，美国之大坊作，益如是也。

发明新式机器之著名人物

兹时余心持筹欲于分工操作生出之节俭操劳法中，摘取四式，依次列于下数节。

第二十七节　服役人以馀力多承服役，乃节俭操劳之一法也

工人一名，有不止供一人服役，可为多人效奔走者，处置得法，能省此等工费若干耳。即赍信一节言之，信件寄信局代达，一信差一人赍缴，虽二十封，五十封，亦属同式传递，奚必多人尽至信局亲交哉？二三十人之信，一人送去即可。由是观之，乃知英国伦敦大信局，将无论何

城乡某之信，分送至英国各地居处者某之家，每信一函，仅费铜钱一枚，足色银一两，可充五十函信，或一百件信之费，信价廉，局中仍不亏本之故矣。电报通信价昂，不能若此廉贱，因各信件俱专经理一番，由电线发寄，不能俱于一时由电线通达，且电线通至何处，由其处须专遣人送至其家中，价值是以较贵也。倘有数人离本乡出而察看新地，日暮支搭帐幕后，总属分理其事，司马者一人，启食盒者一人，生火者一人，烹调者一人，取水者一人，设同行者为十二人，绝不能十二人俱理生火事，亦不能十二人俱办烹调事，兼不能十二人俱作饲马汲水事，一人生火，十二人均得温暖利益，一人司烹调，十二人均得饱腹利益，况此一人为己独一人烹调受之操劳，与为十一二人和鼎鼐受之操劳，差者无几乎？夫一人受操作之劳，关乎千万人可得利便者有多端矣。一人得将起飓风之先机，遂登之新闻纸，告予通国人民，以便周知。英国伦敦，立测验风雨局，有二三人司其事，将各处报来之风信潮信情形，推揣合凑，录于新闻纸，游行洋面者，得益极多。由是知一人为多人服役，可大省经费，兼可行出于众人有极大益之事也。

测验风雨局即气象局

第二十八节　货物成一式即易成千万，乃节俭操劳之二法也

工作之货，制有成式，能藉一以成多者，其利益极

大。有数类造作，所用之利器与模范等，既完备矣，可不多事操劳造成千万具货，此利益岂浅鲜哉？譬犹制造银钱，模范已造成，虽于造时，大耗资本功费时日，而既得之后，耗工费价值无多，即可锤击脱印出千万枚银圆。活字集于印书架成版，摆列字之工既毕，印千页纸之工甚暂，所得利益极广。设请善书手将英国诗家晒革斯比之书誊录一册，润笔资费银八百两，工费如是，可谓巨矣。及印书法成，购若等大之印版书一部，价银仅二钱，纵其摆字工费、印费并各等花费，在一钱上下，或二钱三钱无定，惟摆字既毕，每版刷印数十万页均可，书价廉之故，殆因成书数多，纸费、订费之外，不必多取利也。

平素居家，陈列之桌椅茶盏杯盘，并茶壶等器，多属镟床等机器造成者，兼为遵照旧日式样者，欲购若等桌椅器用什物时，亦属旧式样者价贱，新式样者价贵三五倍耳。

第二十九节　工人各作得心应手事业，乃节俭操劳之三法也

分工操作利于发挥各人之所长

分工操作，犹有一种利益，行业既多，每人可自选得心应手之事业。身体强健，堪充锤炼铜铁之工匠。身体懦弱力不足，可习织布缝履等手艺。愚鲁之辈，使平道路，修藩篱。心灵手敏者流，不亲修桥补路细事之故，即因具有才能，可为多得工价之事业耳。操作工分者愈细，益可

令有各种才技能干之人，得机缘于己所合宜而得心应手之行业中，入手工作。多材多艺之人，率可作欠聪明人不能作之艺业。不用巧妙手段之若等工作，俾平庸人当其任。工头尽其分工督饬之职，理帐者随时将收缴支领之各端，无误登于簿，缘银钱之度支出入，均其经理也。制造局中总管，主理局务为专责，务得练达熟悉各行艺业之人，各行业造成之货物，随时售与人，应于资本无损，或于制造货物中，增益美良法，为公司总管者，果如是调济治理，在事工匠均可尽其才力，各行业中得以成全极顺利之事业，若者于一己得分利益，若者于他人均沾利益矣。

第三十节　各工作在合宜处所，乃节俭操劳之四法也

分工操作之末一利益，即各种工作，均分归各城，居于极相宜而得当之处所也。上文二十二节，不业言工作宜得适当之地利乎？何货产于何地，最多且佳，即应于其地制造，苟无分工操作之道，不能若此筹办也。如法国人民宜造葡萄酒，织绸缎，并素来呼为巴黎斯货之各货，既属如是，伊国人民必购满遮斯得之布货，布耳顿之苦酒，纽加斯勒之煤矣。各地通商贸易，操作之工分析得当整齐时，各行业人各得其所，各城可造成本地著名之货，较彼处货成色嘉而胜，如瑞士国之表，百明含之钢笔，并电气镀之各货，舍非得之刀，哥分得利之腰带巾绦，装饰用之

栏杆花边等货，以及意大利国利佛耳诺海口之草帽，均是也。某货在何处，较他处尤美而著名，第不能常确指其故也。国家惟由黎庶之意，欲购何式货，即购之而已。制造货物之本意，原欲取众人喜悦，俾众庶得益，非欲徒令操作人受劳苦，观下文即知。大凡贸易通商，无何限制条例处，操作分工之事，自必加多。一县内，各镇或各有一行操作。一国内，各县或各有专业操作。万国之中各国或各专一种货物操作。是即讲富国养民学家，所谓按地分操作之理也。镇与镇通商，县与县贸易，国与国懋迁交涉，举可生资财省工作时分，免持筹顾虑耳。不第有是，贸易通商事行之愈广远，益可冀距万国合为一家之时日近，庶几异日者，天下万国人民，均视如一家昆弟乎！

第三十一节　操作虽异终归通力合作助成一货

讲论至此，乃知工人各于独一行之手艺事业，习熟透澈，为极有益也。呼为分工操作，即因将工作事，分为不相同之数种类，然操作虽有分，仍属相助为理，同造成每一种有用之货物耳。譬犹一部书，即若许人之才力手段相合集成也，诸多活字俱经铸字匠以铅鼓铸成，印书轮架，造于专制此等货之铁匠处，纸造于纸坊，墨造于墨馆，售书坊店布置发卖书之一应情形，著书者操笔录底稿，摆字者拣字入模格，勘对正误人于首先刷印之页详较更正，司印架者每扳举轮印千万张，外复有装订书人，并随时零售书人，即各工人操以理活计之器具亦均有专造其货之行局也。若此之众多人共成一事，可取譬于极烦杂之一机器矣，夫机器中不有大小轮若许具乎？内外层层相啮相错，各理其事，各操其工，周而复始，至于无穷，工人或数十数百，拮据操作虽工作者不同，莫非相赞助共成一货相为终始，殆诚堪谓极烦之大机器乎？

分工操作由于势之不得不然

分工操作，由于势之不得不然，非出于一人智谋创立也。何货经若干番工作，知者甚少，即各番工作有何联络，知者亦无多。如造洋琴一具也，经三十六番左右之工作。造时辰表一架，经四十番上下工作。布匹织成，经百馀番工作。非第有属乎久有者已也。迩来复有偶出之新奇操作，如引光照像一节，少言之犹须倒翻十六次，并造照像时所用之货物合计于内也。修造铁路，亦增出多端前时无之工作。类若等数端工作，今兹有于世，非由于议政院商定，非由于奉谕旨特立，乃民间自推测出者。国家无禁令，限其于何货经若干番操作，亦不限其何行业，准若干人充工作事，并无能逆料其后此于何货复创几何番工作者。若等情事，均听人民之自然。有人视为较他生财路尤堪获利，即倡而行之，或于己所欣悦者相合即作之也。

别有工作相同，众人合力成之一种操作，常有多人于一时操劳一事，大众号招约期，同心协力相助。即如纤夫多名，同挽一缆牵船。并极高大之云梯，多人负荷而行。以及水手六名八名，鼓棹同驾一舟等事。乃所操业同，通力合作，毫无他类烦杂，属乎整而无歧者。是即讲富国养民家，所谓众人同一事之通力合作也。复有伊等所谓众人不同一事之通力合作，工即烦杂多歧矣。如造管辖针者，一人造针身，别有一人造针尾小球。水手等管驾船行，有操事同之通力合作，亦有操事不同之通力合作，如开船起锚时，二三人提锚绳外，复有多人旋锚链系之机关，乃操事同之通力合作也。至言及船主副船主，掌舵工，小船管驾长，并理篷帆者，司厨役者，均为操业不同，通力合作归于使船行之一事。复有军兵，一营中有官长，有士卒，士卒操枪执戈，为业事同之通力合作，官长数位，各有专司，可谓为业事不同之通力合作。若此之众工彼此赞襄，所成功效，较各司其业，彼此不相关涉者，自必大及数倍也。

第三十二节　操作分工诸弊

今兹极兴盛之诸国中，分工操作，实有数端无益者，虽较得之利益少至无穷，亦不可将其无益讳而不言也。

分工操作之两大弊端

分工操作无益之一事，即令人动作能力，逼狭有限制，恒为是一艺活计，无暇习他艺技能。譬犹尾有圆球之管辖针，有人第知造此圆球，外无所能。亦或有人第能缝履，不明他事，倘离故乡适北美洲野地，若人于劳心费力之各技艺俱不晓，不甚合宜。譬犹瑞典并挪威之种地人，于种地中各种操作明白透澈，时或迁赴其地，于筑室、牧马、并造车辆，与理田畴之各种农器，以及居家之器用什物，均能指点造妥，较止明一路手艺者胜多倍矣。既属如是，可以谓精于一行手艺者，应照常在其所精之手艺中尽心操作，至督办他事，恐非才力所及也。

分工操作无益之二事，即技艺过烦多歧，倘遭遇事故，致贸易不通行，绝有因而偾事歇业亏本者数人，行业纷歧，每行人仅造成一类货物，设无先事预料风俗移易之才，货物积聚过多，遇不能畅售出之时日，造此种货物匠役辈，将有不堪之苦，思欲改弦易辙，学习他行手艺矣。如素以成作绣货为业者，尽遵质朴旧式，一旦有人创出新式绣货，较旧式者华丽美观，人情厌故喜新，必争购新式绣货，将弃旧式者不顾矣，业旧式绣货者，非投往他所，即须改习新式刺绣手艺，或他行手艺。第有一事，新式绣货之学徒盛多，且熟练，视成独业，未必容其改习入行也。时亦有某等艺业，改为他行无所悬殊之工作者，如铜锡等矿之工作人，偶遇铜锡矿中事竣，适煤矿欲多觅人，应召而赴煤矿恰得当，第不能常逢若等机会也。弃本行而改习他行，亦非易易矣。

设有欲弃本行手艺，改为此行者，此行技艺中人，不宜禁阻不令习，应起而迎之联为一气，如铜锡矿中工作人，欲改习挖煤事业，挖煤行中大众，不可以为己工价必跌落，而阻挠其来，伊等设如是为之，霸占行业，私而不公，损人利己，乃大不可事也。倘各行技艺，俱严闭门不令他人习其业，胡能免处事无误，致绝不行自取罪戾事之人，亦罹于难而成为穷苦人哉？盖无论何行技艺人，举不可自以为所业之艺，为本行所独，他人不得沾此利益也。极紧要者，人于各行技艺，遇机缘俱可随意学习，不应稍有阻拒。贸易既广远通行，技艺亦应广远通行也。

第五章 资本

第三十三节 何为资本

斯时论及生财必宜有之地，与操作外之一端矣，即所谓资本也，即余等人用已得之财，赖以多生财者也。资本固尽为财，而财要不得尽为资本。如人家积有菽粟，或蓄有银钱，止知家中坐食，不思复行操作，伊之财即不得谓为资本，缘其不用之生财利也。或于地面筑室，或掘一井，或造一车，或创一省人力之机器，并他等于人有益之物，若等财即可作资本观矣。

辨析财与资本

资本之益，即于人操作生财时，能用省力操作法昭显之也。譬云水夫运井水送各家，资本少者，尝肩担二桶，向比户赍送，费力诚巨矣，设使资本稍裕，则购一巨桶，安于独人推之车上，推车运水，力半出于人，半在车轮，以诸多工作力造成大桶水车轮时，省去人肩荷力非少。果属资本丰足，可造成水沟，或埋铁管于地下，水由井口，自分送至各家，虽于造之时费若许资财人工，既成功后，水自能顺管下流。若等人可学习他业，或尽力田间，于街衢中不见以己力担水者矣。

第三十四节　资本有定而不移者，有流行不息者

资本分归二类：一为定而不移者，一为流行不息者。二类乃大不相同。定而不移之资本，如制造局，并各坊作，以及造各货物之器皿，与船只铁路车辆各等物，均能历久不坏，出有助人之力。要非谓凡属定而不动之物，俱堪为资本也。礼拜堂不得核入，登记情节之碑牌匾亦不得核入，图画书籍，与不能充材料止可悦人观之花草树木，虽亦经久不废，不助人生新财，徒增心目快乐，胡可列于资本内哉？

固定资本与流动资本

流行不息之资本，凡工匠操作时，用之饮食、衣服、煤炭，以及供给操作之诸器物皆是也。谓之为流行不息，即以其暂而不能经久耳。如五谷菜蔬等物，食尽复种，复生，复收，又复食尽，循环甚速。身着之衣服，作成迅速，服不数月，即破烂不堪，更宜买新物料成造。今日国中用之流行资本，不同于前数年用之流行资本。惟定而不移之资本，乃先后几为一者也。纵有时制造局之房舍，或

经火焚，或经人毁，机器亦有时破裂损坏相继者，决有一番重修新造，是定而不移之资本变更时甚少，流行不息之资本历一年或二年则全然更变，或十中八九更变矣。

第余等有时不易分清何为定而不移之资本，何为流行不息之资本也。资本中复有半属定而不移，半属流行不息者，如麦粉蒸为糕饼，食入腹消尽，固可谓为流行不息之资本矣。其磨麦粉之风磨，倘加以小心撙节，一具能用五十年，可呼为定而不移之资本也。而盛麦粉之囊，大抵可用十载，即不易决其为属定而不移之资本，属流行不息之资本。譬犹火轮车铁路一事，行于路时，所用之煤与油，取到立即施用，堪作流行不息之资本观。其行于轨道运载货之车，每辆约用十年，并铁路上载气机之轮车，能用至二十年左右，铁路中暂停轮车处，客人候车之厅台，并买票存货之房栈，以及各理事人所居之室，能历三十年不倒坏，至于穿透之山洞，并土培之叠路，果属谨慎修理，可存至数百年。由是观之，资本或为定而不移者，或为流行不息者，均即其历时久暂言之也。见其历年愈多，愈堪指为定而不移之资本。见其愈速于消灭，愈堪指为流行不息之资本。频频败坏，不能不常用资本更夫新者矣。

第三十五节　资本如何得来

资财节用，即资本之原，要惟操作生出财利，积蓄不速费，方可得有资本也。野地贫民，无何资本，深恐饮食匮乏，每日殷勤操作，俟食物丰足时造成弓箭，便于猎取禽兽，伊等造之弓箭，即其出放资本处也。是即节用以生财之道，凡余等预为防匮，当于丰时，借工作存储之盈馀银两以为后日赖以饮食之资，并以为操作事业工本，余等生之财果得节用之道，诚堪积蓄至后此需用之时耳。譬云仓中粮米，余乃日日提取供口腹，然余将食其粮米生出之精神气力用以造车辆，用以造犁锄等农器，或用以造他等可生货财之物件，如是为之，充资本之粮米，犹可云变为充资本之器皿也。倘饱食终日，无所用心，耽安逸而游闲，日食之米面不得为资本。设余等不若是好闲，适于造货物食其米面，其米面即为余所入之工本矣。余如是之由资本以为牟利用，岂非将定而不动之资本，易而为流行不息之资本，或入而较暂之资本，变为入而较久之资本乎？是资本放入之为久为暂，即以资本入处得利之久暂为率矣。如耕耙地用之耒耜，嘉者可用二十年，此二十年中恒赖此耒耜获来原资本之利，并原操作之利，以增益余存储之资财，用既讫，共计其按年裨助增加之利益资本，于抵补初时购其器原价之资本外，理应得馀利，第有时多时寡之不同也。如铁路用以运货之车辆，即应于十年中，除还足本银外更得利息，便于十年后更造新车代旧车也。

凡操作中入之资本，即发予工人之工价，或以工价购之诸物也。如修造铁路时，工作人所需用之饮食衣服等货物，即发去之资本。至修铁路用之材料，加铁轨条，与枕头木，砖石等物，并使用之各种器具物件，俱经操作人造成者也，各种物既为操作人所造成，余等亦可以放入之资本，视为操作人之工价耳。如是观之，设层递追究至于无极，知入于坊作之资本，皆为供给工人之工价矣。

第三十六节　出放资本

投资宜注意二事

于资本放出之中，有宜加意之二事：一其本银为若干数，一所出放之时日为多少也。出同一多寡之资本，必以操作之时日久暂，为雇倩人数多少之率。种薯蓣为业者，一年一获，此一年即其时日之限制，设年中之饮食衣服需银三十两，须预备资本银三十两，方可安心理薯蓣事。倘种植者多，宜用三人，则资本银须九十两，宜用十人，则资本银须三百两矣。馀可类推。若栽种葡萄则不然，俟三五年之久方能结实，譬犹以五年为得利限，应预备百五十两银资本方可入手业葡萄事矣。设三人合伙，应集银四百五十两充本。十人合伙，应集银千有五百两充本也。馀藉此式类推。大抵各种艺业需用之资本，以工作人数多寡为率，兼以资本出放之时日久暂为率耳。惟工作人需用资本若干，只拘于人数多寡，从无定制，均视施出资本去获利时日之远近为限也。野地土人，饮食足敷日用，即可为资本从权度日。种薯蓣者之资本，有足供一岁饮食衣服之银即可也。以树艺五谷为业者，倘多用泰西国新行之省工助力器，代人作耕耘收获各工，自必多费资本。创铁路费资本极多之故，俱因定而不移，久去不归之资本，流入者不乏，如积土石累成甬路，并穿山渡岭，各城埠筑货栈客室，复有购造木枕、铁轨、车辆与气机等费皆是也，非绝大资本，奚足用哉？

第三十七节　工作不得误以资本视

世恒云，贫人操作，即其谋食资本。贫者赖操作之资本得饮食衣服，与富者赖银钱得饮食衣服，岂非相似乎？夫自食其力固甚善，第恐不能初入手操作，即获财利供饮食衣服等物用也。一往直前操作，待造货成功，贩运货客购妥，方获若等利益耳。适于此有待之时日中，操作胡足供饮食衣服哉？务宜有资本，预备饮食，购办物料，置买器具，此饮食物料器具，三者诚堪为资本，毋误将操作当资本观也。余复时闻人云，地为资本，才智为资本，言中均有差误。人之为是言也，即以人食地面生之物，或赖才智得饮食衣服，与他人之放银获利，以利银购饮食器物无异耳。然地不得为资本，才智不得为资本也。谋生财利，务应实有三种不相同者合聚，即地居一，操作居一，资本居一也。奚必妄费语言，将资本名目误加于地并操作乎？

毋误将操作当资本观也

第六章 财分于各主

第三十八节 财利如何散与人

何者为财，宜如何用，并如何费操作力较少能生财极多，上文业经备言矣。于兹时也，欲讲财利中尤费心力论解之诸端确实情形，所研究寻求者，即财利如何分散于通力合作成货之诸人也。夫生财所需地利、操作、资本三项即是。上文亦曾明言，倘三者尽出自一人，所得利息除国家应取之课税等项，馀利应俱归其一人有。第今兹之时势，操作人与地主，十之八九非一家，自无资本之人尽力田间，大半为地主雇倩，或为承种佃户雇觅。坊肆中工作者流，大半为业户所延聘，或为承办股本者召募。且伊等栖身之房舍，或自出价租于房东者，或业主承办户特为伊等预备者。所赖以获利者，复有他等精巧工匠造成之奇异气机机器，并大众集资修驿路，造铁路，筑客栈坊作局厂，国家征收税课，何项非财利散分之处所哉？

由是观之，是生财利非由于一人心思，一人能力，乃由于多人合地与操作并资本，使之适宜相应而聚于一也。如许地主、租户、佃户、并尽力操作之诸人，于生财中各有其应得之分例。试即创造生财所需之货言之，造各项货料之人，寄货料至坊作时，立定合同造成货物，所生得之财利，应得百分中之若干分。然操作生之财利分若干分散归若等人，原非出于无定，亦非专拘执人之己见，惟有大公无私，顺情理中自然有之条款，应得若干分即分若干分而已。余等于兹，追求夫分取财利十人中九人分得者若此少，一人取得者若彼多也，属何故？譬犹操作者为手足胼胝耕耘树艺之辈，及收获五谷后，地主、佃户来而取去者为数极多，有时几令操作人不足供口腹，俟余等确查得伊等所以得少之故，或可推求出伊等以何法可多得数分矣，然若等人所以分得极多而无怨，自必由于理之自然为本原也。

兹时欲论者为分财事，即言分财与工人，与地主，与资本主，与国家也。分与工人者为工价，分与地主者为租价，分与资本主者为利银，分与国家者为赋税，经营操作而得之财利，大抵可作四分观，所言者即是也。

财利大抵可作四分观

第三十九节　操作人分得之财为工价

有宜谨慎之一事，兹时按富国养民学，言工价、地租、利息，与平时用此三名时，未免有少许不同也。譬云工人工价内即有数分生息，地土租价亦十之八九含有数分生息利银在内也。且人所目为资本之利银，有时实统工价租价合计。

讲富国养民学者，提及工价，止即偿抵劳力之工价言之也。惟工人有数等自备器具操作者，瓦石木匠役，俱携有一柜，柜内有锤凿锯斧，并方尺、量尺、墨斗等件，木工之器具，少言之亦值银二三十两。造洋琴者之各器，共计有值银二百数十两者。种花园者，有畚锸耙剪刀删镰，以及轧草辎轴，并迩时创造在花园用之诸新式器，一并计之，亦值银二三十两也。若此之各种器具，均出有本银购来者。凡出有本银，即应得利银。设造洋琴者器费本银二百八十两也，彼于年中务应得百分中五分利银，少于此数，恐不满意，平时论道均属将其本银应得之利银除去，下馀者方为其操作之工价也。不第此也，更宜将赋税并按理应有之各项费一并开除耳。

第四十节　地主分得之财为地租

租价一款，据讲富国养民家论道，乃统生五谷之地，及网鱼之湖海江河，并挖取窖藏煤与金银铜铁锡各矿地所给之价言之也。赁房屋纳之银，赁坊作纳之银，不得同列而谓为租价，实缘地主以本银筑成室，有应得之利银，除其本银得之利银外，所馀者方得如是谓之也。譬云住室，并工作房之地基有租，乃诚为租价，亦属除造房时所费本银之利银言之耳。设谓某租户耕种之地约定有租价，凡属建造房舍费，修墙垣费，筑藩篱费，挖沟渠费，所有本银宜得之利银，俱括于内也。后此六十九节，余等将查究乎如何按地优劣以定租价低昂之率矣。

第四十一节　资本主分得之财为利银

资本主分得财中之数分，即其本银生来之利也。不第有是，资本主竭力筹画，以重资租得地基一所，造坊肆公司，制办材料器具，招商募工，倩人操作，按日发予工价，设己身兼充总办督课，伊每日之操劳几与受雇人相同也。造作之货物既成，蒙商客购买，得来价值，均归总办手，伊业将极多之银钱分拨出，以充操作人工价，复将所赁地租价偿还，外此复馀之利银，则归充总办之资本主，将所使用本银应得之利息，并日用火食银开支后，更有总办之薪金。所置造者，设为绸帛布匹麻布等织绩货，总办于织造时，亲手扪拭检验时甚少，伊所司者，即统筹全局事务，注录贸易情形，并揆度时势，逆计货物造成发售与客能获利与否，兼持筹造货用之材料，于何地何时采办方便，更须聘精巧且忠诚之工匠充伙计，而登记帐簿尤宜清楚无舛错，如是之煞费心力，较以手艺为业者之疲倦，益难担当矣。若是之无论何种货物，均有应时背月，行情涨落，气数盛衰，循环之不同，为总办者，不辞劳瘁，未免有若许经营顾虑，岂非欲其生意兴隆茂盛为巨擘驾乎众生意之上乎？倘归己之银不从优多得，伊焉能乐充总办职任哉？总办分得之数分利银，乃其督理贸易事务之工价也，虽较他等亲手造作货物者得之数多，名曰薪水银，然仍为伊之工价也。

保险费 且出资之财东，所得之利银中，有数分堪拨抵保险费者。贸易场中，恒有不可逆料之危险，为总办者，纵极聪明，竭力筹度谋画，或有意外照应未周处，亦不免亏折资本。如建造坊作制何货，忽尔世风变更，彼之货无客商顾问，或所需之物料无处采办，亦或房栈既成后始知地不相宜，或应召之工匠因充总办之资本主发工价过少，不肯赴召，资本主无力复增工价，此等不偶之遭逢，伤损资财，受累者十中八九为资本主也，将可赖以度日之资本尽付之流水，去而不返矣。时亦有多年醇谨老练人深明制造货物中诸事体，由渐藉以兴家立业致富，至终因所见者毫厘差，未逆料有不测之祸患，不数日之久将半生来所得之财利一旦尽失去矣，是以预于生来之财利中，分拨数分抵之也。

预防后有折本，先期筹款拨银抵偿，为绝不可无者。不然，资财充裕之家，孰肯以有用之重资，轻于冒险尝试哉？极稳妥者，以金银寄储国家，按年获有行息，亦从无折本时日。倘将银入于贸易场，不免有亏本之险，应有抵赔其银之项也。抵赔之多寡，即以生意兴隆贸易昌盛者所获之银拨出，以抵生意冷落者。除亏本者不计外，按均匀数言之，出资本之总办，所得者有本银生出之利银，有充总办之薪水，并有抵本银冒险之款项也，于生意大得利时，可完全分出此三种类矣。

第四十二节 论利息

贸易场中以银为本而生财，除总办之薪水，并抵偿无定之赔款不计外，本银应得利息也。利息之多寡，视其本银数之多寡为率，亦以使用时日之久暂为率。如云百分中行五，即言使用本银百两足一年行利息银五两也。使用不足一年，利息数少于五两。使用历二三载，应加五两二三倍。

寄存银于贸易场，年中行息利银，远不相若。有百分行一分者，有百分行二十分者，并有百分行五十分者，间或有多于此数者。要之，年中行息银如逾乎五六分数，其中不惟利息一端，并抵偿本银冒险之款合计于内也，以其恐资本有失，方取重利耳。设欲究察斯时何国行于世之行息按均数为多寡，当谘访于以银藉予确有把握偿还者，前并以地契或房产契为质使银者，前知其多寡实数，免得所言有误。在英国放本银取利者，一年内百分中行四分为均

英国利息率最低

数。在美国百分中行六七分方为均数也。推英、荷二国之行息利银最少耳。

所得知之极要事，即贸易中无论何路生意，所使用他人之本银，其行息均无所异也。各路生意虽各获利不同，总由于总办之薪水数有不同，复有诸类贸易冒险安危之不同。惟本银之利息，乃永属一式耳。缘资财丰厚者，以银借与此路生意人为本，亦以银借与彼路生意人为本，无论何路人用银，行息俱相同也，见何路贸易者归利稍多，即借银与何路人，俾其便于贸易。职是之故，各路贸易中，均有行息归于相同之势矣。

利息率趋于相同

第七章　工价

第四十三节　以银钱为工价，以货物抵工值

工人尽力操作，所予者无论为银钱，为货物，即可以工价观，不必问其为按日发，按七日发，按月发，按季发，按年领耳。有经人雇用一日者，晚间发予工价，如种地种花园之短工即是也。复有一类短工，每逢礼拜日期之前一日晚，将前此六日之工价给清，礼拜日不核于内。亦有按二七日一算者。至理事之总办，与充参赞之一类人，或一月，或一季，或一年，领薪水一次，亦随各国不同之俗风而已。无论短工，月工，长工，要可均谓为佣工人，所得供饮食衣服之银钱，或名为工钱，或名为薪水，或有名为修金与他等名目者，要均为工价也。（工价之不同名目）

于操作生来之财中，分拨数分，归操作之工人为工

价，三十八节业言及。惟于兹时，谓由生来之财中分出数分无论为银钱，为货物，均同乎工价，颇有不易解者，亦以今日之俗风，均以银钱代生来之财货数分用之也。譬云纺绵线之工作坊，造作成者绵线也，工作人每间七日得受者，非绵线，尽银钱，是亦于人方便之道也。设工作人领受者为绵线，或为他种坊作制成之他货物，以之易衣服饮食，甚费周章，以之充房租亦大不便，缘此，伊即由雇用者家止领银钱以充货值矣。

讲论至此，余等应辨明银钱为工价，货物为工价之不同处矣。据实而论，工人尽力操作，原为得米粮柴炭油酒烟茶，并他等物，以供口腹日用也，此等诸物，即其每日工作欲得之值。设伊等能多分得此等诸物，银钱得之多寡，即无关紧要矣。倘遇增米粮绵丝价值时，工人之领银钱为工价者，得之数似较少，不能买若许多粮米绵丝矣。于是反而论之，凡货物价值减落时，与给工人涨工价无异，缘工人用以购货物，可多得其数也。人于言论而谓得工价过多，得工价过少时，宜先忆及可为若干米粮数之值，方能言得其当也。伊等于易一地时，遇工价银钱骤增百分中之二十五分，遂即欣欣然有喜色，以为可以致富，岂知其视为工价已多至百分之二十五，即有误矣，实缘其地物价已增百分之二十五也。若而人者，既不形其较前时富，兼不形其较先时贫，前后度日仍一式而已。

斯时可参透，于众人大有益者，即操作同时增其所成之货物数也。所操劳而作者，如为棉花布，织造时倘能省用工力，价值自益便宜矣，客商就来贩运，以同多之资本银，可多购办布匹数身，衣布匹者，用同多之银钱，能较前时犹华丽美观。他货俱如是也，譬犹细麻布、靴、鞋，并筑室之砖瓦，以及室中陈设之几案、椅凳、钟表、书籍等货，操作之人数工课照旧，所成之货数较前加多，则国中人民得之工价银无异于前时，购得所需用之物件，均较前时加多也。

如欲众技艺工匠实增其工价，惟有造货物时，费用无多方可耳。譬犹店铺中货价增高，伊等亦时或得利益，然于此货价昂贵时，购货之人受弊匪小矣，缘伊等不得分其银钱，购他等有用之货，享受他货物之利益愈少也。则且还而论之，货物造成时，费用无多，售发价值低落，大众之以银钱购货者均可沾利也。且造作货物费用无多，不能因是故定于工作人有何亏损，诚有人于制造货物中能创得捷便新法，俾此种货物可增若干数，而操作之工未尝加增，工作者所应得之分数不愈多乎？大抵所制成而分得之货数愈多，所得之价值数亦必愈多，于己身之工价，并非有所裁抑，兼可有所增益也。更即售货之行店言之，货物格外价廉，伊等于每件货物少取其值，将日中所售货而得之银钱数总计之，较多于前时，伊等获之利，亦较从前益多也。由是而追溯究察，从可知凡属多制成货物，售卖少讨价值，均于民庶大有利益也。增益民富之道，殆不外此耳。

第四十四节　工价低昂不同由何而生

及至是时，各行技艺人，工价低昂不同之真原由，应明辨以晰矣。同为工作人也，此人日得之工价，较彼人多及百倍，亦或有多至千倍者，不似大不平乎？然余等从公推揣，若等判分，皆由于人之才技优劣不同，生来资质有聪明愚鲁，身体有强壮懦弱，并习技艺时合机缘不合机缘也。尝闻人云，人生在世，俱属平等，同为得自主自由者，何主奴之有？人之为是言也，即国政之面观之，余等无所置词。惟即日间起居应事接物观之，则大有区别矣，若童子强健有力，若童子柔弱无能，此孺子聪敏颖悟，彼孺子则愚蠢顽懦矣。

工价不同皆由于人之才技优劣不同

各行技艺人，操作之工价低昂，俱以下文七十三节所言造作成货赴市供应买客采办之货数，随时升降之多寡为率也。譬犹某货物在街市间，存储者寡，购买者众，适于是时，必增长其货价值矣。若然，是何种货用工匠多，工人数少时，即增加工价之候矣。购某货者多之语，与用造某货人多之语，差者甚无几。设遇某货物多人购买，务必觅得精制其货之工匠，俾其造作矣。譬犹余等购之风雨表，岂非造风雨表之工匠，受雇倩以精神才力制成者乎？设购其表者人多，能造作之人少，工价自必增长也。有人谓，买风雨表时，未尝将价值缴付工匠，而吾谓有厚资者，以银钱收若许架表，陈列铺中，俟客人至铺照顾，此数礼拜中，或此数月内，有资本者惟施发出本银充操作人之工价耳，领受其银钱之承办人，相度购表之人数多寡，情形缓急，以定雇倩造表人数之宜多宜少。由是思之，人多购买货物之谓，与制货人多用人工操作之谓，意非甚相差池，止微有区别也。外复有富厚家资本之利息银，应一并核计于内。除若许事不计外，操作人工价之或增或减，与其所作之货物价值增涨减落，殆无异理乎？皆以造货供用者是否充足，采办买货者多寡为率也。

于是反覆观之，是无论造作何种货，召募人时，不得不即能承当其工作之人数多寡，以定若许人工价宜高宜下也。调停操作人工价之宜多宜少，极要之情节，即相度聪明者几何人，有专能力者几何人，并身体强壮柔弱者各有几何人，观其人精神气象，何等人较何等人数为多为寡，工价自有定数矣。譬犹平常工作，凡人于身无疾痛时，十之八九可任其责，工作事甚平常，人数自宜盛多也，伊等倘无胜于常人之专能，胡能冀望异于人之工价乎？中等身体者极多，过高过矮者罕觏，设有紧要工作，止为极高极矮之人能成功者，则若等人可获大工价矣。惟于兹时，身材矮小之人，不过于闹热场中邀人观瞻，每人可给钱文，身材高大之人，今兹无何大用，缘务以大力成造之若等工作，有助力之机器代办也。然亦有需大力人之处，譬犹挖煤，并锤炼铁之操作中，有非大力不得成功者，为若等事之人，可获巨工价，作生铁变为熟铁事，一年之中，有得工银千两者。

工人之得高大工价，大抵是以其心灵手巧识见卓越也。资财丰厚家，采购器物，喜得极嘉而精细者，职是之故，手艺工巧之匠役，有处获极高之工价矣。泰西各国，歌唱者不乏，歌不善者居多，歌之善者甚寡，歌唱诚善，可得绝高工价，多人喜赴听闻，乐予价资，歌唱一曲，有得银八十两百两不等者。凡歌唱者，绘画者，代人伸理为律师者，承揽工程充总办者，举属自备资本学习，学成后得有工价时，倚为后此度日操作之资本耳。譬犹以一幅油画售出，得来价银孔多，既有此银充本度日，后可复绘极精工雅妙之一幅画，无论费工数月，或及数年，画工极嘉，资财富饶家，不惜重资而争购，将见一幅画售得数千金矣。

油画

第四十五节　亚当斯米论工价五则

世之以工作为业者，有数种价较高，有数种价较下，工价高下不等，亦非无情由，兹可取亚当斯米于此事论道者，慎审言之，以工作为业，工价小者缘何人多趋就，工价大者缘何人多退却，有可判分之五故。

一、工价低昂，缘工作之业是否恰合众心也。何行业工作于人心恰合，纵工价甚廉，乐于趋就承其任者亦不少。即如充水陆兵之大小官员，养廉俸饷，大率不丰，然承此任之人易得，实缘其工作事易为，既操有权势，兼得有尊贵冠冕也。则且反而论之，割宰牛羊之屠夫，所得工价昂贵，愿业其事者较寡，率多憎其污涉，且有视为凶狠暴戾残忍者，聪明灵巧之辈，非得工价较大，谁肯为之哉？况工价极大，亦有人不屑就也。

一、工价之高下，缘学习某种技艺，有难易与费财不费财之不同也。世人十之七八，习得工价少之技艺，不习得工价多之技艺，只以穷乏家多，不能多费资财，俾子弟辈长久学习，是以后生之人及长时，多能作各种少得价之手艺，不能成大得利之事业也。设欲学习有经济谋猷之高深学业，务先以重金聘教授人，如欲习熟筑房舍，造船只，制造铜铁各器具之若等技艺，不能不执多金，赴素著大名之作厂公所等处肄业，极深研幾，须多历年所，练达熟悉，方可得经营制造之才力也。职是之故，殚心习不易精通之各种技艺者，人数无多矣，而此无多之数人，尽获极大工价。

一、工价之为高为下，亦视所业事之时日有间断否也。有人确知所操作之事，恒常悠久，不能中道止工，纵或减落工价少予，亦无不应承遵依者，以其知食有常家也。即如在通衢充巡捕者，一礼拜之七日内，工价银六两，实缘充此任之人，无难召募耳，若等行业，在街巡察之时刻甚长，不能于室中久处，虽夜间亦必出而梭巡，伊等设行事端方，办理妥善，必能久于其事人喜任用也。譬犹木工瓦匠，有时无人雇用，己身无可操作事，心怀隐忧，深恐合家男女老幼，食用或至匮乏矣，且瓦匠于冬日严寒时不能理活计，自应于春夏秋三时中得较巨之工价，俾其无难度日之忧愁顾虑也，亦有使其得不太卑之均匀数工价者。他如船厂中，或埠头，效奔走挽运之人，无何灵巧手段，惟膂力极大，伊等于贸易事务兴隆时，多获工价甚宜，所虑船只出厂开行后，或遇石尤风，船不得进口来，若辈无操劳事以得工价，无由得购饮食之银钱也。

一、工价之低昂，亦视所托人担当之职任重大与否判定也。有数行理财事之工伙，能应召者无多，因其主理之事大有关系。凡办事于银钱号庄，或首饰行店，苟无忠诚凭证，不能得若等事业主理也，若此之忠诚声闻，非重价所能买，而价值极重者类，忠诚亦列其中，是以忠诚名如丧失，不能复得耳。第仅有忠诚美质，无他才技，不能得巨工价也，以忠诚之名望，非甚罕购事，不过为得巨工价者，应有不可少之一耳。譬犹云以极灵敏聪慧之人，无嘉美声闻，人或窥其有行事愧于天怍于人，忍心害理之端倪，终不能以重大事业委与彼，使充总办也。

银钱号庄从业者须绝对忠诚

一、技艺之工价高下，亦视所习之事成功难易也。技艺之中，有习练不得不成功者数种，即如充兵勇一事，无论心甘为之与否，一入行伍，要不能不习至精通分位。凡在各种店铺银钱号庄，或在贸易公司为工伙登帐簿者，于所经理之事中，决有数分为常人所易能，是以其薪金无多，才力平庸即可胜任也。于是反而论之，为律师者，有颖悟肆应洞晓律例之专才，方能于代人白冤枉之事中得成效耳，故若等人致成巨富者多也。习律师者，如不得成功，则易而研求他等技艺矣。

律师成巨富者多矣

有数种技艺，所得工价极廉，缘有多人习他种事业未得成功，转而改就此路技艺也。世风屡有变迁，俗者忽雅，雅者忽俗，始而习各种艺业，继知己身造办成就之货，过问者极寡，不能不改习他等多人赐顾之技艺，若而人者，半属年力就衰，加以境域窘迫，习应时新技艺不易，逢何机缘，即以何者为业而已。设幼时读书，亦颇晓文义，惟所遇不合，功名未就，为衣食不缺计，遂变为各等会中承办人，或充租赁房舍之经纪，并保险公司说合保货之经纪，亦或作小本生意，以货财生殖矣，均属自幼读书，老大无成者所为也。倘幼年从未业读者，即习驾驭车马，砸石铺路，充兵勇等事。贫寒家妇女，如未尝读书，即以针线活计为营生，或充当佣妇矣。论观至此，无论何种技艺事业，理宜由人自择自任而习之耳。设有习某艺业者限制把持，不令他人学习，则于民生大有损害矣，俾庶民艰于谋生，诚为大不公平事也。 为何有人所得工价极廉

第四十六节　何为一日之公平工价

谚云，人于一日诚实操作，应发予一日公平工价，岂知言中犹有误也。第自外观之，堪为无误公论。而徐为思之，内中毫无意味，亦只言人宜受应得之价值耳。设追溯何为一日应得之公平价值，乃为无把握可定者。工作人一日之中，有受银二钱者，有受银四钱者，有受银六钱八钱一两不等者，并有受银二两者，此等数已不多见，至日受

银四两之若等人，则极少矣。于是思之，自二钱至四两，工价数中，果以何数为公平者乎？则知欲于其中拟议一同归无异、不高不下之工价，恐有不能者，人之才力不齐，工拙不等，谋干能为亦有异，胡能强使其同归于相若之工价乎？才力能干既不相等，工价亦应不相若，于上文业言操作人之工价，以所业之生意盛衰，造成之货物数足与否，并购买者多寡，货价行情涨落，奉各款为率，而或增或减，工价之涨落，视乎货物之涨落矣。大凡操作之工人能力异，造成之货物不同时，销售其货，购办者之多寡，必不相等，从可知工人无定工价，同于绵花布与铁器等货物无一定之价值也。工价一事，均在乎觌面公商时约订耳。有若等货主人欲得巨工价，纵有人照数发予，亦无人斥其不宜。惟有一事，伊等绝不可阻挠他人，照已定之货价，售彼之货物也。操作工人亦如是，商立合同索价过巨，亦可听其如愿，要不应于他人之约定工价少者有何阻止欺侮耳。

第八章 论行会

第四十七节 工作行会之意

各行技艺工人，平素视为多增工价之妙法者，即大众立一行会强逼督工主人增银数也。此等行会之式，即于本一行业中，选立数人出首为董事，众董事酌议成条规，本行人俱应遵守。凡入会者，尽捐输银钱以为会中经费。既属如是，所定之会规，参差不齐，有顺乎情理甚善者，亦有乖谬而出乎情理之外者矣。而各行会商订之事，各有不同，于人不幸遇非常大故，如丧葬并保养病症等事，则可大有补助。入会人每历七日，纳银二钱，并有入会之他项规礼，或别种名目捐输，如是者逾数个礼拜日后，设偶尔生疾，于一礼拜日之内，或可由会中领银二两五钱为养病资。假使以手艺为业者，使用之器具，忽尔经火焚毁，或

工作行会即工会

经济互助会

养老送终会

经人窃去，可由会中领银，重置器具全分。譬犹养老送终会，原为无亲属可倚之人，衰老不能操作时预备者。入会者设偶尔歇工，因无坊作雇用，每七日内，会中或与银二两，至所约定之期满截止。倘身体受何伤，不能操作活计，会中付一项银，以为养伤需费，及寿终时，棺殓殡葬之银两均出会中也。会中若此之诸条极善，均属有关民生，听民自为主理，预防将来不可逆定之祸患，免得穷苦无告之人有乞食叫化之虞也，工匠等设会行若等极美事，乃不可不嘉奖者耳。

且操作人起立行会，亦能于远害防疾有益也。明语不以工人为意之主人，不可俾工人造作货之室中污秽不洁，或不通风，与炎热难禁，致易生疾，并不牢固恐有倒塌压毙人命等事，设有一工人抱怨声说，造作货室过热，某机器有危险，惧其于人命有伤，或挖煤窑中不通风，恐致有煤气轰燃之各情形，行主人于其来告之语不留意，固可置而不论。倘操作人群起，齐发怨声，藉会中董事口，告以坊作中有何者不更正，大众俱停手住工，为行主者，不能不降心相从更正以期合于理免争端也，盖君子以思患预防，出自情理之中，为分所应为者耳。工人于行会中，将宜告知行主之若等语，彼此论议妥，胡能谓其有越分处乎？第世人从无通明至极处者也。操作人无暇勤学，器识宏大者无多，于格致学并富国养民之理，奚能明白深透哉？伊等齐声致告者，并不逆计归何结局，如是为之，余等诚恐其冀望者，为行主所不能如其心愿以偿者类，或为费用大，行主资本不敷其所索求，不能不闭歇者类也。从可知各行业之工匠，立行会公同议事，务宜谨慎，既须平心静气，听行主酌度之言，兼应访问不在事之旁观人，于是事之意见何若也，诚以身处局外之人，无所谓厚此薄彼，自有一段公论耳。

第四十八节　酌定工作时分

论及工作人所争之诸事，复有一端极紧要者，即工人每日操作，以若干时分为限也。行业中有数种按工作之几何点钟给工价，或依造成之货物数给工价。操作之时分多寡，由工人意自酌，行主人绝不与闻，一应造作之情形中，推工人自酌时分者为美，行会自不应干预若等闲事矣。惟于有气机等机器之造作坊肆中，如是行之多不便也，理活计者，不能同己意动工止工，务于机轮动转，他工作人用其相助为理时而有所工作。职是之故，有气机之局厂，决应有人酌定造作之时分，于一日中，或十二点钟，或十点钟，或九点钟八点钟矣。坊作主人，大率于理活计之时分，愈长愈慊心，言彼总欲于气机坊作中多获工效，非言其自多工作也。平常时坊作主，本不必自朝至暮，亲在彼督工课，据理而论，应召募赴工作之人，与坊作主人，均宜公同商议酌订，约期操作几何点钟方妥善也。

工作人误视之处，至不乏矣，伊等每欲九点钟之操作，得十点钟之工价，并视坊作主既可随己意增货物价值，纵不增货价，坊作主赚财利归已者亦甚多，无不可分惠与伊等，虽造作之时分，十钟顷已更为九钟，工价不宜少予也。按富国养民学论道者谓操作人之工价，于造成之货物售出后，得来利银，除偿还地租并资本利息，所馀者即是。若等有气机机器之坊肆，设九钟造作，较十钟生出之财货少，自不足分予同多之工价矣。则且反而论之，气机增益其灵巧奇异，操作可愈增生来之财货数，至是时若等得之工价既绰有馀裕，意即专注操作时刻减短矣，据理而论，若等事无可骇异者，于此启蒙书中，碍难细讲，只论其大略而已。凡工匠欲减短操作之时刻，不宜索取同多之工价，减短操作之时刻自为一事，依若干点钟数酌定工价别为一事也，二事可于二时商办，不宜杂参于一时同办耳。

第四十九节　增工价

设立工会之目的

工作人设立行会，大半为增其工价也。若等人自以为不加意力争，坊作主必将财利多归已囊，少分予伊等，坊作主止为己计，伊等工人宜常窥伺，立盟约乘隙皆停工，俾坊作主存畏戒心，而勉从其言，讵知伊等视坊作主为酷虐待人以利己，乃大误哉。坊作主立局厂制造何货，获非常之利，惟一二岁尚可，过时恐不能，此坊作以新式造货得利，决有多资本人知悉，亦仿照其新式造货，获相同之大利，召募此一路手艺人者，必较前时益多，且此坊作主召募工匠时，以为不较彼坊作多出工价，恐若等匠役不易得，各坊作将争出重价，延聘工人，奚必结盟设会哉？

工作人若是之设立行会，据实而论，于百行技艺中，有七八十行未得增其操作之工价。譬犹英国，较三四十年前，工人价银均增高者不乏，原非因工作人等立行会使然也，只以美国与澳洲新得黄金甚多，运来英国者多及数倍，工人之价亦增数也，此即工价贵于前时之一故耳，其馀他故殆因使用之灵巧机器，功效增于前，兼以通国之贸易事业，兴隆亨通。且工价增高者，亦不仅在立有行会之数种技艺也，未尝结盟立会者，工价均增高，在家供使令之仆役，初何尝有齐行立会事？不过于此处散工，迁赴他处觅事，伊等兹时，于英国工价增之多寡，较有行会之数行业不在下也。

第五十节　工人罢事，坊作闭歇

工人把持罢事，即诸多人约定于某月日，准于何坊作主处齐罢事，不为彼操作，意即恃强俾坊作主增工价，或逼坊作主应允于工人有益之他事端也。坊作闭歇，意即停工勒令工人甘心受益少之工价，或欲更变操作中他等何情形也。究之坊作主抑勒止工，与工作人约期罢事，差者殆无几。众工人停手不操作，有时历数月久，以前时所馀之银钱，为饮食日用之费，亦有同一行会之人，或他等行业 工人罢工之人，于他处寄来捐输资，以供不操作事之工人费用。为坊作主者，坊中停工不造货，无可售卖，徒耗资财，间亦有别坊作主襄助者。

工人罢事不操作，与坊作主止工闭歇，国法均无不准。据理而论，亦非定与理背也。充工匠者，操作事不操作事，如不违约订之合同，可由其自为断定，律法亦听工作人自为主定。且坊作主自以资本立坊作，时或兴工，时或止工，俱由自便，国家亦属凭情细揣，操作不操作，兴工不兴工，二面均由其自主，较以法绳束，尤有利益。亦惟坊作主与工匠，均遵照合同方可耳。设工人业允诺理活计，至礼拜六日甫毕矣，即不能于礼拜六之前停工作。且不能由凭操作人，停工于大有亏损他人之处所，如美国火轮车公司中，司火轮车气机之人，并护送前后车辆之人，时或因工价小之故，车行至半途，乃下键停轮车中坐之众客，距其欲去之城极远，诚属大不方便事也，若等工人之罪，应与误杀人者差无几。复有与此类同者，如煤气灯局，甜水池公司，并他等百姓赖以养生得保性命之诸局厂，主人与工作人，举不应于未发告白俾众咸知之先，操作事有何变更也。国家首宜防而极紧要者，即于众人有无损害，是以若等处所，有不示众知而止歇者，应视同罪人，计事定罚矣。

涉及民生的部门罢工前应先发告白

第五十一节　设立行会之暖昧

此启蒙书篇幅无多，不能将设行会无益之情形，详细论讲。惟有真确无疑之一事，即立成行会，大抵罢事之人，自失去银钱若干，并连累他人亦受亏损也。据余论之，近三十年中，设无行会罢工若等事，造作人得之工价，应较现时者大，且如许人受之艰难困苦，丧失之工价，殆亦可免去。迩时满折斯得城，名约翰瓦兹者，著有《工价资本持公论》一部，书中明云，行会中大众罢工，纵恃强胜过坊作主，俾其俯顺己意，仍属于罢工众人不受损者极乏。伊云，除不能逆料之骤然止工，并生意兴隆从不停工不计外，统数年均计之，各路操作，一年中大抵有五十个六日造作货物，一个六日中得之工价，权为通年工价百分中之二分观，行会约定止工，所争者权为增加百分中之四分工价，如相持二个六日，所失已及四分之数矣，虽至是时，坊作主俯从伊等意见，增予四分工价，由是历十二个月，始能将止工时二个六日失之工价补足也。倘为争竞增八分工价罢工，权为历四个六日，坊作主方俯从伊等意而开工，亦须俟十二个月之工作满足，始能补完四礼拜少得之缺欠也。复恒有坊作主俯从行会人之意后，犹未足十二月，于尚未补满所失去数之先，即重新有修订工价事者。如是观之，立行会争价罢工作，坊作主俯从，而受之亏损，仍与坊作主未俯从时所受之亏损差无几耳。所宜

罢工反而少得工钱

回想忆及者，立行会罢工而争长工价，十中六七不获坊作主俯允，一应停工作之人，徒受少得银钱之损，纵使得坊作主俯允所增来之工价，据公平理观视，即不强勒把持，而忍气等候，亦可为伊等增益。且立行会罢工之患，不惟有工作人少得工价之损也，于坊作主之生意并资本，均有亏折，终将归祸于操作人身边矣。由是观之，行会约定止工受之损，实有不能抵补者矣，大抵为冒昧糊涂也。

第五十二节　勒令他人从己罢事

行会人约定止工，有未尝入会之人，赴坊作操作伊等歇止之活计者，据理而论，伊等行会人不应拦阻，设有不获事作之工匠，才力能胜其任，兼欲得此等低工价，若辈如是制货物，虽招罢事人憎恶痛恨，究于众人大有益也，以此货物销路昌盛，于供应客商采办，大有关系，坊作主人应采办者若干货，以资财给予工作者工价，遵依其酌量之至低数，人不能谓主人为无理，工价居于极少之数，有人应募理活计，坊作主即可雇定若等人，无庸雇若等高其声价不肯降下之众也。

所最堪惜者，行会人把持罢事，见未入会之他工匠，出善言劝阻，不令就其罢歇之旧坊作操作，或以厉词恫喝，俾他工匠不敢承揽也，伊等如是为之，以为其处事业属己无他人能占据，岂知皇上谕旨，议政院法度，均未准伊等若此妄为耳。工人罢事立行会，入会人出于甘心情愿，无强逼勒令则可，不然，即于国法有违，缘律例中载有明条也。倘行会中罢事人，威吓他工匠，不令伊等随己意操作，彼乃自背国家律条矣，无知妄为，恃强拘束，于众人之大局实有损也。人之停止操作，由于自主则可，至他人停工与否，出彼之甘心情愿，任其自便，胡能听人强勒哉？而坊作主闭门止工，不令工匠操作事，亦属一理耳。为坊作主者，己之坊作不令工匠操作，不可勉强俾他坊作主随己止工，亦不可威逼他坊作主使之必若何办理。至为坊作主者，有数家公同商订，同时闭歇，均不准工匠理活计若等事，与数行会商订同时罢事无异。设有坊作主，见他坊作主不随从止工，忽而自恃强横，勒令其止歇，若等坊作主，应从重治罪，第若等事极少也。总之，工匠立会罢事，坊作主停止工作，惟尝试办之则可，即试以若何多寡工价，能得工人与否，或试以若何情形能得工人与否也。

坊作主不能强迫他人停工

设有某行操作人，自视伊等得之工价过低微，观其订盟罢工时之情景何若，即知其工价太低与否。倘伊等工作处之主人，以同多之工价，不能得精巧灵敏与伊等同之人，行主即不能不增工价，工匠之订盟罢工即有理。果以同多之工价，能雇得与伊等同精巧灵敏之人，即知订盟罢工之辈有误矣，以伊等之争价止工，于理未当也。盖即贸易货物行市言之，工价尽出于公道耳，工作人工价，与货物价值无异，寻觅者事急，价值即高，寻觅者事缓，价值即下。如罢工不肯操作，与将货物全数收起，居奇不以贱价售卖同，伊等冀望者，采购客付以尤高之价也，设伊等后不如愿，惟徒受一己识误之苦楚，当是时，有愿以贱价售其货物者，反得利益矣。收货居奇之人，惟不可威吓他存货人，不令其贱卖货物，于收存货人立行会订盟时，有可斟酌之一事，视其立会增货价之意，应禁阻与否，时或见其希图众人多予价值，几同强掳，国家可酌度禁阻。会议事务，应以大公至正，庶民无伤为本，不论其于某行会何如也。使民庶得利益多者，即某行主得以自由造成价廉之货，此货彼货，两相对赛，庶可以极贱之价购货耳。

第五十三节　行会恃强增工价

手艺人中，因设立行会，实使其工价出乎平等之上者，余不能谓其绝无也。工价犹如货价，均关乎存储之货物多寡，购办之客商多寡，一切自然之理为主也。因而推之，如帽行生意，有人甚欲操作，惟行会中抑勒之使成作帽之工伙少，造成之帽数自少，帽价自必增加，行主能多得其价值，操作人能多得工价。近年有数行手艺人，订盟立会，因不愿多成作货物，故于学徒人数，拟出定额，不令外人学习，设有不遵条规来习其行手艺者，行会中人不肯与之同操作，行主无多，生意不旺。行会颇有势力，果其若是办理，或可稍有起色，行会中工匠数有限，工价增出于平等上者多矣。惟购货之人，大受伤损。仿如于民身多取征税，然购货物者中，复有他行业之操作人，俱付予重价也。倘有某行得若等不平之重资，俾大众受重亏损，为极不可者，国家应严禁其如是为之也，立有各种与理相合之定章方嘉。犹有一可患者，何行人恃强增工价，于各他行之操作人，俱有损害，因将仿其式群起效尤耳。即如帽行者恃强立会，不令人轻习其行业，能得财广势大，将见业鞋者，业成衣者，并妇女之业成衣者，均是则是效，收学徒入行者极寡，假使各行技艺，俱不成作货物生财，其不至冻馁死也亦几矣！此行工人得益，必有彼行工人受损。余也聚财致富，必有他人丧财受贫。设各行货物，俱多取价值于他行人前，以图利己致富，初何知不能因各行货物，俱多取货价俱致富也。观《辨学启蒙》一百七十七节，即知其致误之原，盖一行人多取工价尚可，以其向他多行中取来也，不能各行人俱多取工价，譬犹各行人俱如是多取工价利己，生来之财，实不足如是之分予伊等，将徒劳心力经营，亦不能致富矣。

操作之工匠意中，如谓增加之工价，均由坊作主己身利中取出者，所见诚误矣。为坊作主者，于增工价时，倘不增长货价，由购货人身边多取银钱以多分予操作之工匠，贸易事业即不能经理也。坊作主不能己身受亏，必于进项中多取少许，以抵补工匠罢工不操作时使贸易亏损之缺欠。凡增加工价时，受亏损者乃用货人也。用货之家，有富有贫，富者受损犹少，贫者居大半矣。由是观之，何行中工匠增之银，大半即由各他行操作人身边取来。

订盟立会损及操作人利益

订盟立会一节，大抵于操作人之祸患非浅鲜也，百人中一人获益，或千人中一人获益，其馀诸人尽受损，禁阻他人不令操作，俾若许欲工作之人不得工作，得益者惟有一己，他人购货俱受损，并被其禁阻之人购货时亦受损也。把持禁人操作，成就之货少，俾拨分为工价之银钱减去实多，禁止操作，间断操作，均为自招祸耳。

第五十四节　律师、医士等有约规

有评论伊等立行会者，工匠将起而有言曰：律师、医士，并他等人物，皆有约规，余等造作之工匠，奉为法则，立行会，亦无违碍矣。岂知若等语言，未臻尽善分位也。譬犹他人之无忌惮妄行者，不能为吾人之法则，胡可踵而行之亦无忌惮哉？据余论之，律师、医士等会商之约规，亦有不强愈于工匠立之条规者，律师商订不可违之约规：如谢仪不足定数，不准轻减收受；代言律师，为兴讼人理事，不能不有主稿律师从中主稿；请头等律师时，不能不请二等者为副。若是之商订章程，明为财多归于律师起见也。而此等士人商订之会规，亦免却工匠等订盟立会之数端弊窦耳。即如充律师者，从不限制人数，凡道高德重，行为端方，通达律例者，皆可为代言人，或主稿人。再者有人列名于医士中，律师中，或他等相若之技艺中，年继一年之多加考试，意即欲有聪明才干之达人，明白治理，可充百姓之选用处也。且律师、医士等列名章程，从无禁阻列名人竭尽心力理事之条。由是观之，律师、医士等之会中，实无工匠等行会中之多端弊病矣。

第五十五节 工匠以为己少操作能多容工人之误视

妄论富国养民学者，有迷惑人心之一说，即视为造货物从慢成就，工价数可增，工人数亦可因以增也，工人用者既多，坊作主发出之银钱必愈多。及至有人创成一新机器，或考究出一他等省工力法，使造货物较前速，伊等则心中含恨，以为坊作主必少发出操作人之工价。职是之故，迩来有瓦匠定意，不肯以新法麻绳滑车等物，运葺墙之砖瓦至应用之处矣，素来之法，乃以人力负荷兜戽，步登云梯，赍至应用处，诚属费大力事，瓦匠欲用旧法，即以为可多容工人耳。依此类推，迩来之陶人亦有不肯以新式机器造作砖瓦坯等工者，石匠亦有不肯将新式机器凿錾琢磨妥之石葺于墙者，摆字印书者知某书肆将用何助力机器匡辅之摆字，即不愿去工作。伊等深惧者即成就活计过迅速，易竣工，将减少所用之人数耳，以为本行中手艺人拥聚过多，工价必致减落，岂知伊等如是设想而为之，实属妄谬，贻患于人非浅，诚为可叹息事也。

极美新造作法，既出之后，设有人仍如是之遵照不美旧法操作，工价自不能获多耳，以旧法过笨拙，新法诚灵巧也。若等人如无亲属可倚，年至耄耆，不能不入养老院，如英国伦敦手织绸缎之机匠，不学习以气机新法织绸缎者即是。则且反而论之，年富力强之工匠，有料事之明，预先慎审斟酌，知新法甚善，亟改习之，若等人不惟未受害，反得大益不乏也。前此三十年时，英国业针线活之妇女，得工价极廉，嗣后美国创出之铁裁缝传来，伊等心甚恐惧，虑将饿毙，缘铁裁缝成作活，较人速二十倍也，而伊等之恐惧，亦属徒然，转而学习用铁裁缝成作活计，一七日之中，可得价银四两，其数自不为少矣。其不肯用铁裁缝者，或年老不能学其用法者，仍以手作活计，亦得较前更高之工价，有致问以属何故者，则如是应之：即缘货物贱，致招采买者多之故也。活计既不难成就，成之货数自必加多，衣服多价值减落，采买者自必益众，惟衣服中之十二三非铁裁缝所能造作，务需人之针线成就耳，若然，是不用铁裁缝，必赖人手作之活计，亦至不乏也。

铁裁缝即缝纫机

为瓦匠者，果能用机器锯解凿錾琢磨夫石，可与用铁裁缝者得相同之利，决不至受何损害，只以锯解锤凿法制石之工程大，石价贵，无力之家，不能建造石室耳，虽筑室多用砖，少用石，亦无其力，惟家资富饶者方可也。假使追究出一奇妙法，盖房时以机器琢磨解锯石，可多用石，少用砖，瓦石匠可将凿錾石无甚巧妙之工作，更为雕镂精细，完整齐全，稳固无缝隙之工作矣。据鄙意观之，各地皆用新出之机器凿錾石时，现有之瓦石匠人数不敷用，后必增其数也。而摆字印书之理，亦莫不如是耳，斯时用上等新器具助人摆字，较前时速加数倍，倘有人云，如是之刷印一书，摆字之工价，必省费若许矣。然自余言之，印之书必迅速增数，可多印新闻纸，并各种文件，俾摆字人之操作，较前尤忙迫，缘摆字之中，有若许非机器能作之工，如折叠页号数，调正格在盘中无讹，更正错字等工，均非机器可作者，摆字工较前尤多，不致无工可作，即不肯用新式机器者，亦有活工作也。

从实论之，工价增加，乃因成造之货增多，非因成造之货减少也。将一应理事人，操作人，并经理贸易人之工价，合计悉数之，无异于货物变卖来之利银，除房租，并资本利银，与应纳之征税外，所馀者方是也。英国满折斯得地造作人得大工价，即因工匠纺线，俱以气机力，是以织造成之货，较前加多也，设不肯用新式纺线机，依旧用人手纺线，与中国纺线者无异，自必少得工价。以气机助人制造货，实为令民致富之策，非令民致贫之策也，其不肯以新法纺织者，依旧之受极廉工价耳，工作人所见不到者，即操作非为操作，乃为多成货物也。夫伊等作劳心费力事，非为可得工价乎？而工价即伊等所造作成货物中之大半也。工人减少所造作成之货物数，胡能增财而多得工价哉？人苟欲财利增加，务宜多制货物，操作人之意中，应不以多容人操作为心，以使其多生货物为心耳。

第五十六节　按货数发工价

各行技艺中，有数行以计劝人，不可按造成之货物数领工价，可均照操作之时刻领工价。按时刻领工价，譬犹每一点钟给一钱银，工匠势必故为迟迟操作，总不迟至激坊作主怒发，不复用伊等能工作之分位也。据实论之，按货物数发予工价，较按时刻发予工价，其造作成货自益速耳，照货物件数发工价，核计多寡，如不费手固甚善，操作人可益多得银钱，缘伊等甘心勤谨理活计，不欲迟慢也，如是而多得工价，乃为极公道事。惟行会中人，不喜照成就之货给价，谓操作人劳心费力过多，恐身体受伤，讵知其言中有病哉？身体受伤与否，均视乎操作人临时慎重防闲，奚必他人代为酌订乎？按照成就货物数给价之若许行业，从未见有操作至自害己身处，求行会不得不代为主理者。所可虑者，非操劳过度受伤损，诚恐人不出力操作，成就之货物数过少耳。

计时工资与计件工资

行会人等，不愿资本主按货物件数发工价，实以为造作成货过速，恐他人不得操作之机会也。上文业论及操作非为徒费多人力，乃为生成货财，货物愈多，工价愈贵矣。孰意行会人等，将此一人多成作货物事，比拟为损人利己之事哉。张工匠操作，不应多占李工匠地步，设一人造作成二人之活计，即有一人不得操作之机会矣。伊等应虑者，俾数千人在他行业中得极贱工价，或亦因伊等行会立之条规使然也。通国之民，均能益以致富，乃为益堪喜乐事。余等人尽心竭力，能多生自己能生之货财，为分所应为者耳。他人造作生成之货财较己多，己不可稍存嫉妒，伊等之聪明灵巧才力，为天所赐予者也。约略言之，人能多生财货，不但一己得益，大众亦均可因之得益，货物价值减低，操作时可省用人力，岂非于众人可有大益事哉?

第五十七节　工作人误视人皆平等

同在一作坊中操劳之人，见某人得之工价较己多，往往有心怀不平含恨事，推其原由，即以有人多成作货物，误视为侵占他人应作之工也。复有一故，己与彼皆为操作人，见彼所得工价多于己，未免心有不悦矣。且不惟亲身操作人如是也，无论世间何人，见其居覆载中之大众，贫者多，富者寡，无不心怀隐忧，富者何以若是寡，贫者何以若是多，国家亦听其富者富而贫者贫，不立条例约禁，国家定章，殆亦非大公至正耶? 然于是追溯回忆，即知世人贫富不等，非由于国家政令条例不公矣。有人云，人生斯世，均自由自主，彼此平等，讵知其言难援为据哉。童子幼年倚赖父母管教，不能得自由自主，及长大成人，自应得以自由不赖父母矣，然亦观其情状若何，难云一例平等也。此一人身体强壮，精神充足，彼一人则身体懦弱，精神短少，此一人精明灵巧，彼一人则愚顽迟钝，赋禀才质，若是之不同，皇帝虽发出诏旨，不能强令身躯柔弱者变而为健壮也。人之才力既不齐，不能不于壮年时，有多获工价者，有少获工价者，每千男子千妇人中，决有出类拔萃、轶众超群者数人也，此数人能耐勤劳，精通艺术，

世人贫富不等之原因

或造出铁裁缝，或创用电气通信，或造出得律风，加利益于大众人民，行之数百年无尽耳。

嘉奖发明创造

有能自创新法，专造何物，将利益归众人者，应得嘉奖褒赏，他人不可窃其利，诚恐他人借端侵取，是以国家发予护照也。如是为之，若等人以一己之聪明，为百姓创成大有利益事，自宜得国家法律保护耳。设有人才出众者，反被禁阻不允，不从重鼓励嘉奖，于黎庶有何益哉？使众人皆为平等，尚能有何等技艺长进乎？国家鼓励人才，每于人劳心尽力，创出尤奇妙有用之器具时，以其新式器，内可以利己，外可以利众庶少费若许勤劳辛苦也。于有大才能之人既如是，而于小有才能者，亦遵此理类推耳。瓦匠负砖瓦，登云梯拾级上升，有能较他人负荷多数者，犹能过而阻止之乎？力较他人强大，乃为彼之资财，不禁其随意施用，亦于众人有益也。设彼能追究出运砖少费力之新法，应听其用，不可拦阻，夫以省力法运砖瓦之意，原为建房舍人有益，设建房舍费用过巨，将有多人不得住巨室华屋，户牖不明，地下潮湿，降雨时顶间漏水，俱因财用不足建造至坚固也，欲众人尽得美室住居，宜由凭操作人各尽其聪明才力，用不费重资之新法耳。操作人中，有能考究出省减银钱法者，果可获其应得之奖赏，则必竭尽其力矣。盖无论何行工作人，均应听其得己所能得之工价也。以奖赏激扬鼓励，原欲其殚厥心思，观此即知不能不听富者富贫者贫之一事矣。业致富者，随时增其识见学术资本，可发至大之财，有人如是之以其财源益致富，并非侵夺他人之财也，纵有若等论议，亦非其真实耳。凡能广积资财，建坊作、货栈、堆房、铁路、船厂，督饬各行工匠造作货物事宜之人，使其得极妙法，造多有销路之货固善，如是办理，或亦可俾赖彼以生财之数千人，得前时不能得之多数工价，有资财之主人，于进款中所得利息较拨发出之工价，只为无多之数分耳，伊聚财之时，若许造作人增伊等成货之价值，深足为其藉以平安度日之费也。

第九章　资本操作联合之诸情形

第五十八节　选推人审理争端

坊作主人、操作工人，迩来所有各等不美争端，上文业提论矣，实因伊等不代为设想，易地而观，工人不以主人事为己事，主人不以工人事为己事也，至此可细论所生之不美诸端，用何策可止息，以便出力之工人与出资本之主人，互相辑睦。所首先言者，即众人推为极善之法也，凡商民有争竞事时，应选推德高望重，不居官者一人，或数人，审理判断之，审理人先聆二面之供词，遂判定工价多寡，直至下次复酌之时矣。缘议政院虑民间词讼扰累，曾允许选举公平人，批断乡区事，所批断之语，呈官誊录所标示出，两造有不遵其审断词者，以违犯堂谕论。

出现劳资纠纷应选推人调解

选推审理人一事，据理而论，虽有诸多益，然于工作自由，懋迁通商之局中，亦有抵牾也。设选推者真为审理人，即操有权柄，能强令主人、工人等听从己之断定，将见工作人操作不操作由己之权，坊作主随意用资本顺便卖货之权均无矣。设工价既赖审理人公平断妥，则凡粮价、铁价、绵花等货价，均可由伊定夺矣。惟治国家者，早知市廛中货物价值，非律例所可定，俱视乎买客所购者多寡，存储供应之货物数多寡为率也。自兹以后，历一月，或二月，造货供客商购买之数多寡若干，无人能先时预料，此言非误。货物价值若何，由议政院核定，与风雨多寡若何，由议政院前时预定无异耳。明岁之风雨奚若，议政院中不能定。货物价值亦若是也。粮价、铁价及一应他货价，半关乎天时，并有战争以及他等大小事故与否，是以不能明立章程定货物价，亦不能明立章程定操作人工价，盖货价均属买客卖客互相酌订，工价均属坊作主人与操作工人共商酌也。一面于为坊作主者，听其得一人按极低价值，一面于充工人者，任其得工价至极高之分位。无论坊作主人、操作工人，欲有止工歇闭事，应预告白，为一礼拜中七日，或二礼拜中十四日，遵议院允定之限也。

停工应预先告白

第五十九节　推公平人调处

选推人审理争端，以势力断定工价，有若许窒碍不便处，不若选推调处人，由两造自请，以友谊式善为罢息，可有利益不乏也。然选推调处人之式，有诸多不同，有时操作人请出三人，或多于三人，坊作主亦请出三人，或多于三人，此数人会同酌议时，各将其欲道之言陈述明白，遂拟出一法试办能气平罢息与否。复有一办理式，两造请出之人，将所争竞之一应事，详告知一声闻素著、识见明透、十分公平之人，若而人慎审量度，随己意拟出一两造可佩服之主见。设坊作主与操作人曾经约订以调处人之决断是遵，即与上节所言者差无几矣。所有区别，惟若等选推之调处人，不能强制不遵其断定之人也。至可惜者，操作人不喜调处人之语时，屡次不遵，胡能望坊作主遵依断定之意乎？既属如是，据余观之，调处人反不若不以直言判断，仅可以婉言劝勉耳。若人与两造为契友，以良言规劝，使两造所怀之疑忌误视，消归无有，尽将极公平之真实语，详细陈布，归于和好不争，犹如膏油施敷于机器然，润滋各处滑透，至事之归宿若何，应在操作人与坊作主，互相斟酌商订，出于甘心情愿耳。英国操作人，素来于官许之合同，强令伊等与坊作主不违其调处之言，亦只在一二礼拜日期内可也，如是为之，已有极大利益。惟不能将起争端之原由尽数泯没，并不能令操作人视所工作之主人事同于视本身之事耳。

第六十节　工人集股成本通力合作

所拟议操作人可得益之诸策内，有一推为极嘉，现欲论说者，即资本主与操作人合归于一也。前此四十年时，英国罗支带地方，操作人等忆及售货之铺户多得银钱饱己囊橐，遂约定多人，公立行局，集股成本，收买货物，拟定按行价散与会众售卖，购货之人免得赴铺商处，按铺户之价买货矣。若等工人集股之行局，近今设者不乏，大率无他人代理局务，伊等行局之人，公同议妥，不赴他处办货物，得来利银，均分与公同立局之诸人也。此等行局，利益匪浅，能令若许人收存资本，留心于贸易事，兼能使铺户减其货价，且知以礼貌待人，斯时尝有铺户人布告，谓货价与行局者相若矣。

工人集股经营之益

如上所言操作人公立行局一事，于资本操作合归于一中，无甚关系，缘经理若等行局之章程，即资本操作合归于一言之，恒不若平时开之铺户。开铺户者，或为铺主，或为于此宗买卖成就，可由其中得利之人，如或不成，即于彼有损，有不竭力殷勤经理者乎？反此，造作人公立之行局，大抵为按月按季按年得薪水之人经理，所有贸易中之益，伊等分毫不得，尽归股分主，伊等尚肯出力乎？

通力合作之实在情形，即操作人尽于其货生出之利中有分也。而兹时之操作人，每将其力售与发极高工价之一位主，于生来之利中无分，其成作之货如善，主人可得利益，成作之货如不善，主人则受伤损，设偷闲不用力工作，为主人者，恐即将其革退也。究乎其实，无庸尽心竭力，费出极平常之力即足，以主人之工价多寡有定，纵极勤劳，亦不加增，故操作人不愿将力用尽也。即主人言之，不若将美工价发予勤谨出力之工人耳。由来有识见之主人，见有勤于操作者，不能不增其工价，委以美责任也。惟行会中有阻挠，不愿操作人工价不同等，以为同在一处操作，应得多寡相同之工价，并有如上文所云之若许人误视，以为不可勤于操作，恐坊作主将少用一人，多成造一人之活计，即少一人得饮食之机会，操作人中，往往于如何造作迟慢上十分加意，最不喜于极少之时刻中成就极多之货物，伊等胡不忆及所成之货物，即其久而必得之工价乎？造成货多，工价必增也。各行手艺人，俱多成作货，各行手艺人，可俱增工价也。

第六十一节　主人操作人同得利益

复有资本坊作主，与操作人，两不相争之至美策。即令工作人于生来之货利，生意兴隆时，均有分例也，时逢事业冷淡，则大不便矣。前此道光十二年时，英国人名巴贝知者，拟成论言云，凡操作人得去有定工价之外，应于坊作中货，生来之财利多寡为率，而多与数分。近年来英国挖取煤处，炮制铁处，有数处用此法。有资本而管理坊作事务之主人，与工人公同商酌，所入之资本，年中要得百分内之十分为利息，除经理坊中事务诸人之薪水，与死亡逃户不能偿还之款，并修理器具之项，以及他等逆想不到之亏本各事故外，所馀者判为二分，一分归坊作主，一分归工作人，工作人之一分，俱奉其年中各人所得之工价，多寡数为率判而分之也。伊等如是办理，至岁底计之，操作人等除各礼拜得之工价外，犹分二十两至四十两不等之数。

此等坊作主、工人合伙同经营之贸易，俗呼为伙计买卖，如国中遍处设立，可有多端利益。工作人等，均知岁终时可分得银项，银数之或多或寡，关乎本坊作贸易事之兴衰，大众皆齐心努力，无偷闲懒惰者矣，既不徒劳工夫，兼不妄费器具材料，由渐而知伊等自立与坊作主相违忤之行会，反不若坊主、工人合伙同经营为美也。倘能如是办理，立会罢事之举动，后此可永免耳。为工人者，纵使工价过低，至年底清算帐目时，昭然显出有通年之馀利，与坊作主平分，亦不觉其过少也。为坊作主者，不虑工人有罢事立会事，得此可宽心之利益，馀利半分与工人，不为无用矣。以工人格外加一番小心谨慎，多成就货物，有所得之馀利，抵补而酬其劳之一分也。坊作主依旧自作主意办理事务，贸易中各种情形，无庸明白宣告众听，亦无劳令大众均阅帐簿。所不可缺者，惟有通达会计事之人，至年终查看帐目，证明工人应得馀利中之若干银钱数，分算清楚，诚能若是办理之至尽善处，工人俱可以为操劳理此活计，不第为坊作主，亦属为己也。现所有不睦而起争竞之事端，后可几至无有矣。

工人与资本家合伙经营

坊作主、工人，如是相助共理贸易事，难以通行之情形，亦至不乏。有资本者，率多不喜此策，不愿将己所得之利银若干数，明告众人，且不谙用是策较现时更有利益也。即工人等亦不乐用是策，行会中人，不喜主人、工人合伙经营分利法之原由，实恐所羡慕之行会势利衰败，岂知合伙经营法，于试办处，实有美功效哉。及经有行会之人，煽惑教唆，工人等遂有所不愿，而与初心有违矣。大可惜者，若许人被行会中一偏之见所迷惑，识见浅陋，昏昧无知，不能测透于一己得利如何，并不明关乎本国平安兴盛如何也。

所可虑者，合伙经营分利策，兹时不能盛行开耳，行会人具有偏见，资本主多端阻挠猜嫌。虽属如是，此等相助共理之法，即富国养民言之，实可用，今纵暂未昌行，逾一二代似可到处通行也。时至今日，已有数银号金店，并他等大行局，实喜依是策经理，何以言之，观其年中得利匪浅鲜，除开销各人应得之一切正项外，犹馈赠馀银与司帐人并经理各事之人，即知伊等深以为合乎情理，方如是办理也。前此四五十年，法国铁路公司中，有一处用是法，斯时各种贸易，年继一年之多用集股公司法，每至年终，将其情形若何，声明于众人前，事既如是彰明较著，工作人均晓其利中之若干数，自无不可因之合伙成本，欲开此等坊作之理，有何不可与年俱向前进乎？伦敦城中，有收买各新闻纸，转售发与各路大行局者，年终清结帐目，亦若是之分数分与在事之人也。

集股公司（股份公司）

第六十二节　工人集股成本自设坊作局

别有一立坊作局法，工匠等俭省节用，积蓄资财，凑集股分成本，而开坊作局也，坊作中之机器料物，均伊等自办经理，伊等自为坊作主，财利尽归伊等。若是之坊作局，与各等股分公司差无几，所差者即股分主尽工匠耳，工匠等取已囊橐财集成资本，必在自己人中选立董事，并必有管坊作事务之理事人，此等董事与理事人，均应从优给薪水，外亦有算总结帐时之银数分，鼓舞之使尽心竭力督理事务，倘总办人才力不及，持筹未周，将见极茂盛之坊作，无难作速覆败也。

迄今二十五年中，英法美各国，并他国，技艺人集股立坊作事不乏，然亦多有半途而废者，率由于总办人短理财之才耳。众工匠集股开坊作贸易，十人中九人见不及之第一要事，即总办人应有干济才，见识宏远，能相度缓急也。伊等工匠日睹制造坊作之一应活计，习惯成自然，似无劳他人督催指示。惟伊等目不能见者，则赖总办之筹画顾虑轻重缓急各机宜也，初何知无善理财之总办，年终不能得美利哉？伊等大半于选不出有理财方干之总办时，纵坊作立成，已推定总办，后亦不能将坊作中一应大小事故，尽委与彼执掌也。且呼为工匠集股开设之坊作局，非全数为有股分之工匠等在内也，所派委者，亦多为无股分人，且于利银中无分例，所得者止有限制定数，工匠集股自开之坊作局，如有若等情形，即与办理不善之集股公司无异，胡能冀望事业兴盛，成全其开坊作之意哉？

股份公司总办人应有干济才

此等工匠自开之坊作局，复有一不易事，即十中有八九资本不敷，时逢货物行情冷落，贩运者乏人，伊等遂受难堪之亏损矣。设如是相继者数载，祸患益烈，势必将操作房，并使用之器具，质典与银庄以及有资财者，而借贷银两平常如是办者至不乏也，苟无房地等契为质，银庄必视为不妥，而不借予银。如是办理，于货物无销路时，伊等每闭门歇业，资本广多者，遂以贱价购其货并坊作，以及所使用之器具，而享其利。积存资本开坊作之工匠，徒弃其积蓄之财利矣。所冀望者，将来躬亲操作之人，尽为局中有资本之人也。既为读书识字人，兼谙练通达贸易中之精粗，及至彼时，工匠集股开坊作，自无贸易中衰歇闭之若等事矣。观今兹之时势，充坊作局总办者，仍不若留与自有资本，并有理财才干之人也。自多资本者，大率为谨慎练达人，外复知贸易中之甘苦，绝不敢不谨慎经营，实缘其一生事业之成败系于此耳。

第六十三节　储银钱备不时之需

最堪惜者，诸行技艺人，率不以养老为意，不将工价中之数分寄贮存储也。人生斯世，于事业兴隆之候，应于工价中积蓄数分，为事业冷淡时作备，况不免有偶生疾病，与遭意外祸患时乎。生意茂盛之时，人多将所得之工价用尽，及一旦□止停工，毫无存项度日，岂知操作人，无论男女均应存储银钱之理有数端哉？试为胪列于下：

预将馀银积蓄，可为日后偶染疾病，并货乏销路无活计，与遭他等忆想不到祸患时用。如年迈亦可赖之养老，并可借以具送死之衣衾棺椁。如死丧甚早，兼可留为寡母孤儿之费用。

存银能获利息，每岁可增益操作人之进项。

积蓄银，可自以之充资本贸易货物，或制办新式美器具。若等操作人，如可自开何行局，人亦视为妥实可托货之人也。

无论为男人为女子，当血气方刚壮年得美工价时，不可用尽，应乘时积蓄。不拘有室家者，无室家者，难免偶生疾病遭意外祸患，致不获以法生财利，况均有年老时乎？及是时，人均应存有银项，使不劳他人赒济，亦无庸入养老院，有妻室儿女内顾之忧者，更宜广存储而思患预防也。凡有狂风骤起，矿窑崩裂，煤气轰燃，火车中阻等事，决有数人罹于祸难丧命，所遗之孀妇子女，仅倚为母者之活计度日，不然，或归国家立之贫人院，言念及此，人岂不应及早设备乎？第余深知者，有若许不及设备，衡之于理无可指责之人，时或于稚幼目失明，足偏跛，或成他等残疾，不能自食其力，均为应得人矜恤哀怜者也，深恃人乐善好施，为之立各院所供养给。至无何残疾之人，果能如此节所言，存储银而自供饮食衣服，自无虑赖人怜恤者费用不足耳。

存钱以免后顾之忧

尝闻人云，操作人积蓄银钱，甚非易事，所得工价过寡，日用之物价过贵。据余言之，财用不足者诚有，第不可一概而论，不敷用者，率在务农之家，有数处统举家老幼一年得之工价均计，每六日内不过三两至三两半之数，止足供一家人之饮食衣服，胡能有馀银存储乎？惟织造局，炼铁厂，挖煤处之工作人，无若等苦况，每六日之中，得银殆不在四五两之下，亦有得工价至八九两者，以工匠之男子女子萱堂母俱可拨予分例也。英国满折得，或雷斯得等处，贸易兴旺时，一年之中，阖家老幼之分例银，可得六七百两，更有砸煤锤炼铁之□年壮人，所得工价，较此数或可加一倍，视教读人，传道人，在各公司掌帐簿之人，微觉加多矣，胡能云工价高之操作人，不能积蓄银钱乎？一礼拜获银四五两者，大抵可存储数分也。

欲明操作人每七日得银五圆，实能有馀存一事，可将行会订盟罢工时，援为据以藉证之。有若许人之日用饮食，平素需银一两，当止工作时，仅用半两，或用三四钱，时或有人于罢事连三四月久，于一礼拜期内，止费三银圆，或四银圆之多，本行会或他等会，发给者即此数也。在事操作之人，恒将己之工价，每七日中拨出一小银圆，以助订盟罢事之人，谈富国养民者，非欲令操作人，止费其工价中之一半也，惟适行操作之人，能分出工价中之数分，助赠行会中把持罢事，与坊作主争竞之人，岂不可将若是之多寡银数为存项乎？且不惟是也，国中嗜酒人极多，英国人沽酒一项，年中所费至十有四千万磅，据通国人丁口核计析分之，无论大小男女，一人约费银十九两，于此项银减用一半，可于人大有利益，各等操作人撙减出之酒费银，譬为七千万磅，所存馀者，已与英国一年之进款差无几矣。

第十章　论地并租地诸事

第六十四节　田法各类不同

生财用之工作、资本、地三道中，其工作、资本之诸端生财不易处，上文业经略论，兹复欲言者，即所谓地也。

各国之中，田法各有不同，实由于俗风不相若，历时久远，由渐而有变迁移易也。斯时英国，佃户租地法，并理田畴之情形，已不同于法、美、俄、挪威各国。本英国亦不同于前此数百年，此地彼地处置法，各有不同，实缘今昔之风气有变迁，租地承种之法亦有变易也。今兹欲考究生财之地，与资本，并操作力，三端如何合成一处，知其时或均由于一人，时或分自二三人矣。　各国租地法不同

前乎此时，美国南数省，有为奴之斐洲人承耕耘耰锄

之任，地为主人者，操作人止为主人之奴，资本亦主人出者。据实而论，为奴者不能视为庄农人，以其不能由己意操作活计，而售力与人，且操作与否，己俱不能作主，若等工人，同于拉犁铧之牛马然，主人驱使若等奴才，亦同如驱策牛马牲畜也。庄农之家，畜养有马牛豕鸡，均计于家资之内，有奴才者，亦将其奴才作为资本之数分观耳。此等奴才服田力穑较他法多縻费，缘其非出于甘心情愿，亦无得工价之望，是以徒劳操作少成效也。惟即富国养民策谈论之，用奴种地縻费与否，可置而弗论，以据仁义道德而论，绝不可昧天理买人为奴也，有奴才处生财之三道，可如是观之。

奴才之主人		
地	操作	资本

亚洲诸国，亦有国家为地主处，每岁按亩取租，租价即其赋税。理农事者，仍属贫穷人，所用无多之资本，皆伊等自出，且躬亲操作，可如是观之。

国　家
地

农　夫	
资本	操作

此印度国本加拉之田畴法也。斯时土耳其、埃及、波斯各国，复有他国所行之田畴法，虽较使奴才工作极不嘉之法似善，实亦非至善法。国家由己意定额，向民讨取银钱，不能分清何为地租，何为赋税，遇凶年饥岁，力田者

不能完纳地租，势必称贷他人钱债，拖累亏欠无已，此等于田畴中不得补助之农人，实难堪耳。

第六十五节　务农人自为地主

理田畴极美诸法中之一法，即业农事人自为地主也，地与操作并资本，生财不可欠缺之三者，尽出自一人则善矣，可如是观之。

业农事之人		
地	操作	资本

三者尽出自一人，所有一应他事，与使用奴才法，适相对抵。所大同者，生财之三道由一人也，诚为有利益之美法矣，地并房舍等，为业农者所自有，不能不勤谨操作，以增存储银项，凡有用资本于地中可加生财源者，尽为可裨益其财利者耳。为子孙者，亦绳绳继续于其后，鼓舞人勤勤工作之妙法，无有愈于地与资本均为农人自有者也？操作时专为己身，并为阖家之老幼人，是以其喜于操作之心，较他人加数倍焦急，此法施于初开垦荒地处，更适宜也。如美国偏西，尚未立为省分之各地，并属于英国之加拿达，复有澳洲，与斐洲南鄙之地，地价廉贱，土性肥沃，可少费资本，无庸多用料物粪田，亦不必用费银钱之机器，与开沟洫，并使地多生土产之诸法，若等用无多资本之地，此等法至善也。

地主躬亲操作殆有诸多不便

则且反而论之，地主躬亲操作，殆有诸多不便乎，恐不免于贫穷，且乏通达事理之聪明才力也。富人自为地主，可以己之资财雇人操作，无劳躬亲稼穑，诚使通明理田地诸法，宜多承种数顷地，己身不过持筹谋画，将操作事尽委与若许人而已，此即家资富有者言之，乃能大获利益也。设为家资平常之人，所蓄资本无多，筑房舍，修仓庾，购地亩，即几于用尽，馀者甚寡，不能开多端财源，焉能多购省力之机器，多制买优等之马牛豕牲畜哉？假使地非新垦，土性不沃腴，实不能得至优之利益，纵因地属己有，殷勤操作，晨乃披星而出，暮则带月而归，缘不能画出力少得益多之计策，至终为窭且贫之人耳。欧洲之瑞士国、比国、挪威国、瑞典国，复有他等处所，业农者夙兴夜寐，胼手胝足，憩息时绝少，日用饮食未尚奢侈，能致富者极寡，仅足供其口腹而已。

耕种本身地之农夫，倘不知谨慎预防，经连年凶荒，或遭一次饥馑，资本银即不敷用，或向他人借贷，或翦伐地中树株售卖，或将犹未成熟之五谷先期指卖与人，拖欠钱债，日继一日加多，设其地为增多端财源，能获稍大之租价者，即立合同典与人，以为欠银钱质抵用。若是，则出银钱之典当主，即与农业者同为地主，且同为资本主矣，几可如是观之。

典当主	
地	用于地之资本

业农者	
用于地之资本	操作

第六十六节　英国田畴大略

年复一年，力田之事愈有进益，堪成为学术时，经理田畴，必更需才干持筹，资本亦必多入。英国治理田地之法，势将传及他国也。英国农家，分类最多，在事人数甚众，其大略可如是观。

地　主	
地	资本

佃　户	
资本	操作

承种人
农工

英国治理田地之法

英国土田，率多为富厚之家所有，伊等喜地亩广多，不愿躬亲穑事，不过为地亩之主人耳，彼所得者，地之租价，外复有房舍路径墙垣藩篱沟洫等各生财之源，俱彼以资本开创者，借此数端，多得来之租价，即其资本之利息。为佃户者，有运筹才干，能经理农务中之一应事宜，租来地主之地，并其地面所有之各项财源，自以资本制办，地上所有之车马牛羊豕，尽为佃户者矣。兼以资本购各等新式农器，代人手造成各端工业，按日发价，雇人代己操作，彼只亲身理帐簿，以及货物应买应卖之各等事。至于承种人，率为佃户按日以工价雇觅，伊等无地，所居之屋宇十中七八为租自佃户，或租自地主者，己身于生来财货中无分例，多不肯尽心力勤谨操作，成就无多无少之中等活计而已，获来财利不归己身，尽归佃户。

若是之理田畴法，有诸多益，亦有诸多损。佃户心地聪敏，于迩来农务中之进境，知之周到，资本充足，以新式器具奉种地新法，工人可操作至极善之处，土产可生至极多之数也。复有一利：地非属己，开创地中生财之诸道亦非属己，是以己之资本绰有馀裕，可以之制办多端农器，与粪田之郑重料物，并上等之马牛羊牲畜亦可多购耳。更有一大获利者：佃户租来之地亩数益以多，工人可多分出数类操作，工人分出操作之品类，与以气机造作之坊作差无几之，若等多，至是时则上文二十五节至二十九节所言工作分类之诸益，可有数种也。

英国所用理田畴法，弊端不乏，即于农业者面昭显之也。力田农夫较佃户多及数倍，据理而论，应为伊等酌拨益处耳。伊等业农无自为地主者之得以自由，工价甚低微不能积蓄，至老年不能理活计时，恐不免入养老院也。推原其故，即以英国昔时法律中，于治理贫民一节未臻妥善，亦因家道奇贫，无力读书识字者多。时至今日，国律重修更正，新定章程，可望农人读书识字，兼学熟用新法制成之农器，与各坊作中之操作人无异，伊等有何不可得以自由自主，多得工价，亦与各行坊作人无异乎？

英国于田畴法极要之一事，即俾地主佃户酌议文契合同，应从善也，以佃户面无何损为妙。英国地亩孔多之富家，于地出租时不喜永租若干年，最喜无多年限之短租法，随己意增租价，设租户不愿承种，地主于今岁发给退帖，明岁地可转租，若等理田畴法，将佃户用资本于地面开出生财之多端道路尽遗弃矣，地主管理地面，如王操权，可谓因地而得有势力也。是以于贸易得大利之熔铁行，织布行，借所得之银钱购买若许地亩，均为搢绅家成乡董巨富矣，利益偏归地主，不得为尽善法也。

富国养民书中，仅能于何事于生财有损有益，加以持论，至若等利益少归佃户之不公道法，不必多言。缘现年租地之户，因租而承种之时日无多，不敢开增地中生财之多端源头，恐开辟既成，地主欲增租价，给退帖，彼即将地退还，而开财源之若许花费，徒轻掷也。为地主者，大抵不若是酷烈，决容佃户多年租种，且多将己之财力施地中，与有数十年合同者无异耳。设有时地主欲增租价，给退帖，将所开出之财源道路欲尽取归己，承种者无可恃之条例，情实难堪，纵不如是，胡能似地属己有者得以平安无虑哉？大凡设立条例，应为通国之民，统筹擘画，不宜仅代富且贵者图谋，凡国中经理田畴之规例，倘尽为富厚家，与多土田家，在议政院商订，率以归利益于地主之意多，而于农政中广开财源生路之意较少耳。

设立条例应为通国之民筹画

欲更正若此弊端，其法有二：一为佃户者应常年永租，一为佃户于退地时照例讨取资本也。

第六十七节　多年为限之租地法

房地租与人时，立成合同，约订若干年限，租价每岁若干，将各等大众约订之限制情节，清白详细开列，所以昭信实，而免后有返悔图赖争执也。佃户有若等租地合同，年限设为三十年期满者，即与己之产业差无几矣。然此果何故哉？诚以佃户于前数年中，必将己之资财，增开地中多般生财源头，因约订之时日甚长，所费之本银，尽能由利中得回也。英吉利、苏格兰偏东鄙佃户耕种之地，多为大段落，佃户之才力聪敏，经营措施无误，租地合同率以数十年为限，此策较各他策胜强多矣。为佃户者，大都于前数年中，竭力筹画，多方开生财之源，所未尽善者，即至将满限之数年，不肯复以资本开财源也。

田地租期宜以数十年为限

第六十八节　佃户例可讨取之款

复有极嘉妙之一策：无论限满与否，于佃户退还地时，其于房地中以资本开之财源，尚未用尽者，例可按数讨取也，以此策偿施于地之资本亦善。为佃户者，无难将造仓廪以积谷、造棚厂以牧畜之费项，开沟洫以灌地之费项，以及筑藩篱购石灰等粪料之各费项，呈举帐具，证明其费银若干，复令练达农务之人，察验核计，详细斟酌，度其每种生财之源，利益至若干年为尽头，奉以为率，即知应赔偿佃户银数多寡矣。倘地主强令佃户退地，应依此数赔还，将地转租给他人时，可向彼多讨租价，免致自受亏累也。

此等例可讨取资本策，英吉利地行之处所无多，要亦非新创之策，于爱尔兰北地行已久，呼之为爱岛北地抵补旧佃户亏空策。新承种佃户租妥地时，见有若许生财之源，为旧佃户增加者，遂乐取银钱付予，作为倒价以倒之也。为地主者，不能因一时忽生之偏见，将此等多生财源于房地之一佃户，使之遗弃所费资本，徒手搬移出也。北英国地亦有此等赔还旧业主所费资本之俗风，俗风既如是，据理而论，国家应定为法律，行之通国也，一地若此，他处想均然耳。迩时英相哥拉兹顿，在议政院为爱尔兰拟定田畴条例中，有抵补旧佃户资本之款，原不宜地主专享其利也。地主俱宜为条例辖制，当议租立合同时，俾其或以三五十年为满，或请声闻素著之数人公同酌议，奉为依据，将佃户所费之银钱若干，以银钱抵赔，不使旧佃户亏本，英吉利苏格兰租地者，亦应如法照办，律例中开载明白，租地合同不准有他等规式。

第六十九节　取地租之由

地租一项，于人世如何生出之原由，乃为极紧要宜明晓者，如或不知，胡能洞明地主从不劳心费力亲工作，而于地中出产之财利取去大半之理乎？据实而论，地租不能不在局中也。所应拟议斟酌者，惟在地主多地租进项少，或地主少地租进项多，若何处置为得法妥善耳。

地租之原由，时或因硗薄地与肥沃地，用力操作无异，出产大有异，殆亦因土性松紧不同，得日光多少有异，并地土干燥湿润不等耳。苟地球处处坦平相同，种植 级差地租操作一式，出产之财货相等，地租亦不本肥硗定，惟恐实不能得如是也。诚以地球面际，有深谷，有高山，此处土脉肥沃膏腴，彼处则尽为旷野沙漠，无从得水，肥沃向阳地之主所得五谷等土产，较沙漠背阴地之主所得自必多也。纵耕种人操作者俱为本身之地，且地土肥沃，所出产者之中，亦可云有租价在内，肥沃地较硗薄地出产者多，即其得之地租价也。既属如是，种植田亩之一应工费，俱权为同一多少观，即地之优劣言之，肥地出产之各等物中，将费用尽除去，下馀者即租价也。设地主自不耕种，将地租与佃户耕种，地主应得租价之多寡，即以地之肥沃硗瘠利益为断，以定其数也。

地租宜多宜寡，以何为率，至是时，无难明晓矣。凡地中所出产，除资本利息操作工费外无馀者，即不立租价，以硗瘠地与肥沃地相较，肥地可稍增出产，除资本息

绝对地租 银操作工费外，较硗地所馀者，即租价也。复有一论道式，定粮之价，不即肥沃地而言，即仅能抵用费之硗瘠地而言，奉其用费为率以定粮价，实以欲多得粮时，不能复由肥地，缘其已为地主占去，惟于硗地中求之而已。夫肥地收获之粮，与硗地收获之粮同类者，价亦相似也。从可知肥沃地多收之馀粮，即其租价矣。

第十一章 论交易

第七十节 交易因何而有

人于生财极要之一道，即将我所不用者，付予用其物之他人，于他人无用于我有用者，我即取而用之也。夫财为有限制之物，于我有益，且可缴予他人，上章业言及矣，实缘某种货于余等足用，犹有所缺之他种物也，余即将余用而有馀者，易予他人之不足者，取他人之羡馀者，补余之不足而已。凡属交易，俱为于二面均加利益事。顾或者谓，交易为无何用之事，缘所授所受，值皆相同，遂拟出似是而非之语，谓受者得之利益，无非情形同于强掳矣。诚如所言，是以贸易非他意，即将他人有之货物，恃强夺而供己也。据实而论，授物与人者，受人物者，值虽同，利益必不能同也。且于利益有加，即贸易而生财之大 为何会产生交易意。余等人非因物益人之大小而交易价值也，倘属如是，则呼吸之气与水，将为价值极大物矣。如馒首一物，在英国用一钱银，或一钱一二分银，可购一枚，养人生命之物，价值不昂，实非因其加利益而定价也。欲解明此等似是而非之情形，可先揣度货值之为言，属于何意。

第七十一节　何为货值并何为宝贵

此货与彼货互交换，有问某货数若干，可易某货若干数者，则所答即有异矣。如金时辰表，金钢石戒指等，乃货物中极宝而值大者，即缘以若等货交易，可得极多数之他货物也。且如飞扬之灰尘，可谓为无何价值物，以之往来交易，无庸费一钱买。货物之堪云实贵者，殆以其利益大耳。如药味中之金鸡拿，谓其宝贵，是以其能医疟疾，非以其价大也。铁药亦可云宝贵物矣，以其大能补血。时遇烈火焚为患，无论清浊何等水均极宝贵。若然，是物之足贵，惟于适用得当时也。如水之用项或供饮解渴，或涤物去垢，或熬煮粥饭，亦或用以泼洒街衢压浮尘，其为用不诚大哉？不必问其费若干钱始得也，仅即可用之水言之耳，至不适用之水，非徒无益，反可招损，雨水多之潦年，禾稼尽被淹没，房基受水浸淫，人患潮湿病症，挖取煤之窑中，亦有出水伤人之各情事也，盖物于用时有利益，于交易时有价值，价值极廉之物，亦有时大有利益耳（用贵宝值各等字之义观《辨学启蒙》六章正用语言二十四节至三十一节即知)。

至是时，可知意大利国讲富国养民学，名为日挪非西者，所言不误矣。伊云，交易之为言，即将已定用而有馀者交出，易来已现要需急周者而已。据余而论，加以较字意尤善，将较他物用之绰有馀裕者，可取以易较是物更应用之物。大凡货物，于供应余用之后，不能复加益于余，余惟有用之换他等能加益于我之货而已。犹如英国诗家所言，以慈悲施发予人，施者受者均获大益，交易之道，莫不如是也。货与货交易时，彼与此俱得急需应用之物，如英国多产煤，法国多产葡萄而多造酒，英国酿葡萄酒无多，法国挖煤有限，英煤出口运赴法，法酒出口运赴英，英国法国俱得二种货之利益，盖货物过多，已用之有馀者，取以易急需之他物也。 交易之道

尝有人云，贸易一节，不能生新货，止能将成货运之往来，煤酒等运到之后，煤数酒数果同一多寡乎？则将如是答之：余等富国养民学，专论物有利益，并有用于人之财利，所欲考察出者，即用是货物于人有益无益也。货物不加益于人，即不得谓为财，第不加益于余时，犹可有益于他人，是于余无用，余不以为财者，于他人有用，他人仍可以为财耳。两相交易，虽不能生何财货，缘其能使财货有益于人，亦可谓为生财之道耳。

第七十二节　货值即此物与彼物交易时各若干之比例

货物交易时，所谓货值若干，即言某他物与此物交易可得多寡也，第以某物何等质性为断耳。譬犹货物为薯蓣，余以一枚银钱购来若干，用以与一枚钱购之馒首较，则为数甚多。若将馒首与一枚钱购之肉较，则馒首又为数多矣。设购肉之一枚银钱，改而为购肉精（西国有此物盛于洋铁盒中便于出门时用），所得之肉精，较肉更少也。由是观之，言及物值时，应言及以何物之多寡相比而定之耳。云物所值若何之意，即此某物若干数，与彼某物若干数，互相交易而行者也。此一物多寡数，与彼一物多寡数，互相对较，即得货值之准。由铁石中炮炼出之生铁千斤，或以麦五百斤之数可与交相易，如以之易红铜，须以万有五千斤麦，方能易红铜千斤也，是即以一与三十为比例。大凡货物交易，总有比例率，方可言货值若干耳。平时用之比例率，即依何银钱数，或金钱数，与铜钱数，可易得某货何升斗、斤两、尺寸数各有若干也。

交换价值

平时论及货值，均以其金银铜价为率。所谓货价，即购货物时，所应缴出奉上之金银铜等钱也。钱数多寡，易得货物数多寡，立比例时，其率即是。譬犹云，以三丈地毯，易来十五两银，如是言之，是金银铜等钱亦为货物矣，既有价值，兼有用项，与他种货物殆差无几也。心中筹度货值，或与人谈货价时，恒于金银铜若干钱中加之意，甚简便矣，奉以为率，将此货与彼货两相对较，即知耳。麦粉一斤，倘为值银三分，肉一斤，倘为值银一钱，青菜一斤，倘为值银五厘，援三者以对较，即知一斤肉价值，几等于三斤麦粉价值二十斤青菜价值矣。核计余手中银钱有若干，即可统筹每种买几何，是即以银钱为准定价之美益也。

第七十三节　货物贵贱之理

既至兹时，应考问货价有何关照，并缘何随时随势有变更矣。夫货物价值，率奉乎卖客供应买客，采办缓急多寡，随时不同为准也。供应货物之多寡，均在乎卖客愿按照某定价备预某种货若干。购货物之多寡，均在乎买客欲遵依某定价购办某种货若干耳。惟人持筹欲得某货若干，务先知某货为何价值，以钱若干可与交易也。譬犹食物中馒首，平时三分钱可购一枚，忽增价为四分一枚，贫乏者因银不敷用，即少购馒首，多购粗粮矣。设牛羊猪等肉，素来每斤价银一钱半，忽升至二钱，或二钱五分，手中银缺之人，或不购肉食，或权酌暂少用肉矣，是即采买人少之谓也。更即供应货物言之，亦如是之反覆颠倒观耳。假若牛羊等肉价贵，畜牛羊之家，群欲驱牛羊至市售卖而获重价，反是而肉价低落，伊等即豢养其牛羊等牲畜，俟行市涨之美机会也。

货物价值取决于供需双方

供应货物购买货物之理，约可将其大概情形明白列出，不外乎货价增高，使供应货者增多，购买货者减少也。倘反是而货价低微，自必使供应货者少，购买货者多耳。更反覆移易言之，供应货者加多，或购买货者减少，自必使价值低落，供应货者减少，或购买货者加多，自必使价值昂贵矣。

供应货物购买货物之理，所关极重大紧要，试列表于下：

货价	供应货者	购买货者
昂贵	增多	减少
低落	减少	增多

至兹时，某等货价值如何定，余等可明晓矣。价值之为大为小，均在乎交易时，能使购买者欲得之货数，等于供应者欲供之货数也。设有人购买货物，以其所欲出之价，不能得货，无计可施，必出尤高之价，方能使贩运货者，乐将其货取出，以供应伊等采办矣。货价愈高，供应者愈多，上文业经言及，且市廛中倘有人愿出益高之价值，其他贩运若等货之人，必及早明晓耳。譬犹庄农妇人，挟布数匹，前赴市镇售卖，入市门而左右望视，即知今日集市之布匹多寡矣，如是时买布者无多，不露急切需用状，庄农妇即中心默揣，今日之来，原欲以布匹易得之银钱，买瓷器数件，麻缕丝絮数斤，并他等零星物也，布

匹不能售出，各物举不能购得，莫若每斤减一二贝尼将布售出，免得徒劳此次往返耳，其他卖布者，亦将不得不随之减落价值矣。设农妇人之布，按三钱银一丈售卖，旁有减价四分，二钱六分银一丈即售卖者，购客奚肯以贵价购货乎？反此，售卖布之人少时，或客人备现成银急切购用，必将市中货买取一空矣，抱布入市者，望即知挟来之货，今日不虑不能卖尽，购货者心中焦急，恐得货不足数，卖货人窥得其如是情形，遂高抬价值，不肯贱售矣。由来一应货价，均如是定也。市廛中售货者与购货者会集一处，售者欲得其心所冀望之高价，购者欲依其预料之廉价，一再熟商，何一货价非如是商酌定者乎？

货物行市定准其价值，均在乎购货人以某定价欲买之货数，等于供货人以某定价欲卖之货数也。至若布帛，或他等货物之以长短、尺寸、斤两计者，亦必以购者欲出之数，等于售者欲卖之数，而定昂低价值耳。

第七十四节 货值与操作如何互有关涉

斯时欲论之紧要事，即货物价值是否因操作省费工力所生，或与操作有何关涉也。不甚细心之讲富国养民学者，知黄金价极昂贵，拣求者多费操劳寻得亦甚愿，遂谓黄金价高，无非为拣求黄金之工夫大矣。岂知费工多之诸货物，不能尽为价值贵者哉！譬犹著书者用之工夫多，刷印装订工夫亦极大，书既成，购买乏人，仍不能得何价

费工多之货物不一定价值贵

值，不过为废纸而已。从前伦敦城中，代米斯河之下，曾横开通河南北之一洞，以其处船只过多，难造桥梁，故如是穿通便于南北往来易行耳，奈以由其路行者寡，俨为徒费若许操劳，若许银钱者，继乃铁路公司，于其处安火车轨道，无何用之暗道，变为有大用之铁路矣。熟观乎此，即知事物之于人有大用，不关乎操作费工力多，乃在操作既成，于人利用也。

费工极少之物可能极为贵重

于是反而论之，费操劳工力极少之物，亦能为极贵价重者。澳洲有一牧人，放羊时，忽见地面有透亮光黄物，拾起细视，即一段黄金，手向地拾取即得，费之力岂非极少乎？而此段黄金之价贵，亦不在他黄金下。挖取黄金之处，有多费操作多得精金者，亦有多费操作少得精金者，无论多费银钱得之金，与少费银钱得之金，价俱相若，均以其成色精与不精定价耳。既属如是，可视定货价非因操劳费工力多而贵矣。黄金之所以贵也，实缘喜要者过多，黄金为数不敷用，致成绝昂价值矣。试为易一式观之，亦可大有用，设黄金之至堪宝贵物，为不多费工力即得者，将有多人求黄金矣，缘多人费之工力，得产黄金必多耳。假使新求得之黄金，与旧有之黄金，同一之为众人所喜购，其价值自必同一之高大，然世间无论何货，从无人欲得至无穷尽若等多者，殆实如上章所论，凡物非属有限制，不得谓为财之说乎？譬犹黄金同于铁、铅若等多，人于用以铸钱，并装饰钟表，包镀首饰玩器外，必馀者极多，可作杯盘等物之他用项，第若等用项，无上言之用项急耳。讲论至此，货物价值之谓，可昭然明显矣。费工力少，生成之货物多时，其货自必数多，众人亦咸以为取之甚易，无庸多备，不愿出甚多钱财购其货，其价值即因之低落。由是而知，生成货物所用工力，如能变易增多其数或减少其数，方可更易其高下价，盖增多之货物归于民间时，较前或多有裨益，或少有裨益也。苟非然者，操作胡能令价值更变哉？

第七十五节　珍珠缘何价贵

斯时欲明上言之理，可设为问难解说之。试问珍珠之所以价贵，因人入水深处搜求始得乎，抑人因其为贵重物始入水求乎？当人之入水求珠也，多费工力，且极危险，入水人泳于深水时，腰间带有重石，便致身能深及海底，且立足于海底求珠时，须特闭鼻孔，久不呼吸，实非易易事也，得来美珠实无多，费去工力极不乏，从可知伊等得珠所应发予之工价，依均匀数约计之，实匪轻耳。搜求多费工力，价值自必昂贵，况珍珠之贵，不第因是故哉。含珍珠者，云母壳也，远不及珍珠价贵，设止因操作多费力之一段事故，含珠之云母，亦应为若是价贵者，第云母壳价廉贱耳。且珍珠之价贵，设只因搜求多费工力也，入水人既及水底矣，所遇者无论为何类石，与螺蛤蟹何等壳，同式之费多工力捞而出水也，彼亦将云费力亦若是巨，于彼物亦讨大价值矣，讵知不若是哉！大抵珍珠之宝贵，实缘尚未得珍珠之妇女，欲用以为装饰，既得有珍珠之妇女等，以其为数过少，欲多加数，且以其为物体小而欲得较大者也。总之，珍珠之所以宝贵，一因充妇女装饰，并因妇女辈，从不能得足用之若等多，且伊等由来不能多得之原由，实缘入水及海底搜求时极费工力也。简略言之，是即货价与操作有关涉之大宗，盖售卖人供应货为数多寡，以搜求造作其货之工力多寡为率，人急切购用与否，以供应售卖之货数多寡为率，物价之为高为下，以人急切购用与否为率也。

货价高下取决于数个因素

第十二章 金银钱钞交易

第七十六节 以货易货

以此一货与彼一货交易之式，即如用一囊米，易来半个猪肉，或用书籍换彼千里镜（又名远镜）也，是以名之为交易耳。教化尚未行至之诸国，仍如是之以货与货贸易。泰西诸国人，游行南斐洲，爰方启行时，每挟带玻璃、珠、刀、剑、片铁、玻璃镜等物，便于行及途路中，以之换日用饮食，或用以为使令人之工价。惟有制度教化之各国，纵亦有以货易货两相交易者，然须多费持筹核计，终不若用银钱甚便，是以用者极少耳。

以货易货不若用银钱交易方便

余于此设欲以余之一书，易得一架千里镜，亦惟遇巧机缘方可耳，不然，即须徐徐访察何人为有千里镜，且急需余之书者，恐俟多年月时日，亦不能得耳，有千里镜之人，未必即急用余之书，且书价未必等于千里镜价，书非可拆开零售者，千里镜亦非可拆开零售者，不免费若许踌躕顾虑矣。

第七十七节　用金银钱钞方便

自贸易用金银铜等钱以来，以货易货之各种难处，俱泯没不见矣，实缘钱为众人喜要之物而珍藏之，且可随意分为相等之分数，欲用若干分，即取若干分也。于无金银铜等钱时，以他物代钱用，亦皆无不可者。古昔多生五谷之国，多以粮米为通宝，而流行运转，每一庄农家，存储仓庾者，有如许粮实囤，如欲购车马也，必由己仓中取出粮实若干移归入乡邻仓中，将彼之车马易来。设有人欲用己之车易一耕犁，无庸赴街邻中，比户遍访谁家为欲以耕犁易车者，亦惟觅一欲用粮易车之人，顺便面议，并觅一欲以现成耕犁易粮米之人，随时面商，由是彼可出己之车，从他人处得来粮米，且以粮米易得耕犁，绝无车与耕犁价不相等之持筹也，譬犹车价较耕犁价犹贵，于交易事毕时，彼得有耕犁，并得有补足其于车中失去数之粮米，是以粮米为助交易之物耳。金银铜等钱通行，亦无二理，交易时以钱为调济适中之率，可分列于下：

售卖	货者
车	钱

购买	货者
钱	犁

藉钱为中率交易时，是一端事判为二端事矣，第较为一端事时，办理之尤简捷方便，以其非向一人交易，可向二人交易也。

第七十八节　钱为货价之准

用钱交易时，收钱者为卖货人，交钱者为买货人也。此等卖货买货，均属交易中事，无论以钱买，或卖为钱，殆从无与货易货之情事不同者。其所有异处，惟于货物中，有此一货充为调济归于匀平之用项耳。如是言之，是钱可谓之为通行货，于一应交易事中，恒有勷助矣。凡买货卖货，钱之多寡数，与货之多寡数，决有相较得准之比例。比例之谓，即云以此钱与彼货较所值为若干也。以铜钱二贯买海参一斤，即二与一之比例，他可类推。上文七十二节，所言交易货物时，其值若干之谓，即此比例耳。至若以钱交易，出者收者之多寡数，即货物之价值也。货值按钱言之，遂谓之为货价。且钱一入于贸易中时，无论何一类之交易，人俱乐用，是以犹可生出他等大益也。无论何货物价值，举可与无论何他货价值相为比较，譬犹知以铜若干，可易得铅若干，或以铁若干易得钢若干，或以倭铅若干易得黄铜若干，或以砖瓦若干易得材木若干，第知乎此，即不能比较红铜与倭铅，以及铁与瓦木之价值大小如何矣。假使余等所知者，一两黄金，可易得九百五十两锡，并易得千有七百两红铜，兼易得六千四百两铅，与

钱可谓之通行货

万有六千两熟铁，既属如是，即无难知以千有七百两红铜，可易得万有六千两熟铁矣。若然，是黄金或他等可通行于国中奉为国宝之物，实堪为各货价值之准衡也，既可赖以量度各货之价值，兼可借以互较此货价与彼货价之多寡矣。

且如是以钱交易，为极便者，大众提及货物价值，所用语言，众人可共晓，各种货开出清单，俱属以钱为准，胪列其值价，自他人观视，心中皆洞晓货物依钱数定之价值，此行货价单，彼行货价单，互相较比，清楚明晰，由是观之，钱之为物，可作二大用观矣：

一、钱可为交易货物之济助；一、钱为互较货值通用之准的。

钱之价值或升或降与他货无异

有不能不加意之一事：钱虽有若等二专用，于贸易实有利益，然己体永为货物也。钱之为物，价值或升或降，与他货无异。上文七十三节所言供应货物购买货物之理，钱亦统括于内。设遇钱数多时，钱价必有减落，欲购与前同多之同式货，务有多予钱数事。反而论之，遇钱数少时，钱价必有增加，欲购与前同多之同式货，即可少发钱数耳。

第七十九节　以何物为钱

如上所论，是世间无论何货几皆可充钱用矣。夫由来所用之物，至不乏也，如酒，与鸡蛋，橄榄油，稻米，皮、黄烟，贝，玉，刀，布，铁钉，均为曾用过者，惟金银铜较他物用时多耳。金银之所以为通宝，较他物利益极广，以其身边挟带良便，因用无多之金银，堪购斤两极多之木与米粮等物；复有不朽败之利，金银岂若木与鸡蛋衣服等货，易于朽败哉？纵存至极久时日，亦不减其价值，更有永不改高下成色之益，精金乃永为精金耳。顾或者谓，世人每有将他等锡铜加入金银之事，然亦有法测试出，得知其搀和有杂物实居若干也。金银更有可分为片段之美，所分之各片段，无论以剪切琢凿何法，判为各片段者之价值统共合计之，与未尝判分之整金银锭，仍相同也。且金银俱为色明货，作假者充之不易，黄金体极重，以伪者代替益难，无论何人，于金银凝神细视，举能辨其为真为伪。金银兼有不易变价值之美善，譬犹遇凶年饥岁，米粮价增一倍，市中买卖之各货价，均随时升降，惟金银乃久而无坏，其价更变极迟。各国之中，每岁得之新金新银，较通国所有者为数极少，然金银亦时常同于他等货物价值，或升涨，或降落。

金银作为货币有诸多便利

第八十节　铸钱之各金品

金、银、铜、铁、锡、铅、倭铅各品类，均曾用以铸钱，亦曾用二品类合成之黄铜、白铜等物，惟金银铜较他品更适于用。铜之所以不如金银，即因其价较卑小，不便多挟带也。中国古昔，有用数寸长刀钱时，以其不便，故改制。前此数年间，瑞典国铸钱仅用此品，是时存馀长二尺宽一尺之铜片，即瑞典昔时用为钱者，客商以钱贩运货，每将钱装载于人推挽之手车，以人力推运。英国斯时，止于值银不及一钱，仅值数分者之货，并他等零星细事，用铜铸之钱，欲使铜之质性成为稍坚硬者，则兑合少许锡。

英国钱法以黄金者为准制

前千馀年间，英国俱用银钱，不用金，亦不用铜，惟此等钱法，多钱交易时不便，少钱交易时亦不便也。继乃改为用金银铜铸钱，则于民大利便矣。英国钱法，以黄金者为准制，是即偿物价时，据律例而论，人所不应推诿不收者也。假使欠何号商银四百两也，以每圆充四两银价之金钱百圆偿还即可，设银数在四十施零之上，例可推诿不收，铜钱在十二贝尼之上，例亦可推诿不收，以其数不便存储，昭简略也。

第八十一节　何为英国官磅

英磅

英国人交易授受钱时，每呼为磅数若干，即钱论之，动云一金磅，或若干金磅。所谓金磅，乃黄金鼓铸成，照依议政院拟定之条例，在本国铸钱局中铸成，钤盖本局之图章，未磨剑去时，应重足百二十二格兰有半（清水一立寸重足二百五十二格兰有半）。按均数计之，由局中将钱发出时，应重足百二十三格兰有四分格兰之一，第不能轻重详细俱同耳。诚能无纤微之异，年深日久，各金磅稍被磨轻亦所不免，是以议政院立定条例，百二十二格兰有半之金磅，为例所不可退拒者。其实民间风俗，重不足数之金磅，人亦多乐受不推却，尽视为纵短数格兰之重，亦无关紧要事耳。

据议政院定例而言，一金磅以二十银施零代抵，应视为价值相等可收受者。推究其故，即缘能令余等于整金磅外将亏负人之零星小数，可一并归还也。倘欲将黄金铸为与白银施零价值同之若等小片，深觉不便，以其体过轻小，易于遗失，风吹没，磨剑去，不若白银为便耳。惟白银施零二十之价，犹不及一磅内黄金之价，可以白银奉黄金为率之值，而定二十施零价之或涨或落矣。即近年来之行市计之，二十银施零，只等于十六金施零有八贝尼，所差者为六分磅之五也，务宜将银钱权为行市如是较卑之货值，恐有人将银钱销毁也，譬犹白铜贝尼中，数品金之价值，仅为六分贝尼之一，设有人销化若等铜钱不过自取亏累耳。

第八十二节　纸票

斯时各国中，以纸票代金银铜等钱用者不乏，票中载明金银铜若干钱数，持票至立即交清，诸端贸易货物，钱数过多时，运转不便，不若纸票美善，挟带之分两既轻，兼不易被盗贼窃去也。譬有人诘以何为五金磅票，可如是答之，存金之银庄，于票中开载清白，允诺将五金磅付予

支票的前身

持是票者，持票人来银庄时将票收存，立将票中开列之金数交付清楚，盖纸票分归二类：一为可兑换提取银钱者，一为提取银钱不发予，仅以纸票轮流兑换者。可兑换银钱之纸票，换于无论何时日均可，既可随时兑换提取银钱，其纸票与金银铜等钱同一足贵，且较之尤便矣。所堪虑者，号商发出若等多数纸票，遇持票者多人同时来提取银两，恐彼铺中存储者不足如数充偿也，是以各处银庄，往往有关闭事，即谓纸票中开载之语，不能遵依而行也。然至金银铜钱不足为通宝之时，仍有若许处代替金银铜钱之纸票为通宝也，此等纸票，即所谓提取银钱不发予者，可谓之为以纸为钱矣。此等纸票，存货者如确知他人决可由彼手收受，彼亦可发出货缴予授其票之人。第若等无银钱之纸票，非为上策，缘纸票之价，俱视其施发出之数为率而升降无定也。欠债者偿还人时，纸票之价，与其原收票时价不相同，有以少抵销多者，亦有以多抵销少者。惟银庄纸票一节，头绪纷歧，深费讲解，此等启蒙书之浅学，可姑置弗道耳。

第十三章 论借银之理并典当店银庄金店

第八十三节 有无质票货银之理

凡习熟富国养民学者，必明借银有无质票之理。李姓将银缴与张姓时，所恃以不恐者，即与张姓认识有素，持张姓之质票为据，知其至有定之时日，决可将银归还也。

平时借用人之书籍车马房舍或何种器物，并家常使用之物，若者呼为赁，若者呼为雇，给予之钱，或名为赁价，或名为雇价。亦有未受教化之数国，尚不以金银铜等钱，为国中通行之宝，凡米粮油酒，与平常需用之各物，均可通融借贷。斐洲产巴拉马油处，民俗即以油为与人通融借贷之宝。惟在使用金银铜等钱之国中通融借贷时，即用钱，以他物为不便矣。譬犹人短一势不可缺之气机，欲制买又乏本银，即向一利息极小之放帐家借贷其器应值之若干银钱，并于售卖气机价极廉之若等人处而购买其器也。售气机之主，亦有时情愿将气机赊予无现银购之人，约定数月后，将价银归还。若等赊予气机之办理法，与将气机应值之若干银钱借予彼无异也，而其价较现银买者微贵，即所谓利息耳。借银之美处，即因将壅滞之钱财，可归于用而适当人之手也。中有资本之主人，不能亲理生意者极多，如妇女，幼童，老年人，以及有何残疾之人即是。复有金银广储，己身于财务不欲亲理者，凡内外应办之一切事件，尽委他人代理。不第有是，贸易人自理事务，而资本丰足充盈，有时已用之有馀者，亦可暂借予资本不足之人。反而论之，大有理财才干聪明灵巧之若许人，苟有借资本予伊等，俾其足购所需用之材料器皿田地房产者，伊决可创设织造局，或可立挖取金银铜铁锡等矿厂，充殷实巨商。设有人来借贷金银，必视其有房产地土堪为抵偿之物，方能借予也。如其人之事业空虚，吾心有所倚恃而不恐，惟于得有巨本事美声闻，善于经理贸易，苦己之资本不敷者，甫借予彼以生涯矣。

借银须有质（抵扣押品）票

第八十四节　凭房屋土地契为质借银

借银用之诸法固甚多，有时于戚谊友谊之间，以交情为依据，惟凭房地文契借银之事较多耳。设有人以己之资本，筑成织造局，既成后，无力开办，遂以织造局为质借贷他人之银钱，倘所借之银钱，至期满不能照本利如数归还，许借予银钱者，将织造局转卖，此等以织造局为质之文契，谓之为典押契，如不照依契中开载者偿还，终不能将局复归于彼也。有诸多筑室会，保险会，并各等公司，存储银钱无用项，可借予他人用，惟讨取妥实质票文契为要耳。复有诸多富厚家，欲将银钱借贷予人，专赖妥实凭据为质，诸生视各处之制造局行店铺户，并其资本，为经理贸易事务人自有者乎？大抵非其自有也，率多以房地契为质由他人处借来，银钱贸易谋生者，殆别有真房主，真地主，未必居住之人即其主也，而所用之银钱，亦复有他主耳。 典押契

凡借银为质之契据，务宜妥实，如将契中开列之房地卖出，所得之价，决可多于所借去之银数。此等借银式之利息，统年计之，大都以百分借银之五分或四分半为率。设恐契中声明之数有错误，或其房地之价银，既书契后，有何不能逆料之低落，譬犹房地之值，确可至千两银者，可书写借七百两或八百两之契以为质。设其房地不能得若等大价值，或于其房地疑有来路不明，后生争竞处，可增大其利息，按年计之，百分借银之六分七分八九分均可，溢取之利银，即为抵其本银，后日失与不失作备者。立房地契借贷银之外复有立契以坊作，或船只，或他种日久可用之器具为质等事，亦有以收存之绵花，或粮食，或黄酒等货为质者，不过充暂借银者之质耳。 借银为质之契据务宜妥实

第八十五节　银庄金店借银之式

贸易亨丰之国中，借银与人者多属银庄，缘伊等以出放银钱为生涯也。银庄奉为专务者，三四番翻新，同于一时办理，惟分中所事者，即将他人寄来之银收存，并将银转借予现欲用其银买货之人也。生意号铺，随时售卖货收银，于购买新货日犹迟未至时，不能使其银钱徒存于笥，他人所有进款如股分银钱中生息出之利银，或房地租价，并他进项，俱按月或按三月核计收结，得财利不徒存于家，在家收存，不能复得生息，兼恐盗贼窃去，并遭遇火灾，不若将钱寄存于银庄为美也。且将银存于银庄，宛如借予彼银号之主人，至所注明之月日可如数清还。大抵作各种生意之铺户与客商，并织造局中主人，日日进来之银项，举属每日存于银号，只留每日使用之数两银足矣，如是筹度，利益有三，试为胪列于下：

银钱寄存于银庄(银行)之益

一、银钱存寄于银庄，盗贼不易偷窃，房间巩固，室中有铁柜，室外有更夫梭巡。

一、所存储银两，欲给缴他人，有极便之式，止开一凭单予其人，其人持单至银庄，立发给银。

一、银钱寄存于银庄，能获利息。

银庄主人收到他人存储之银项，有时日并他事之多端不同时，或存银主人欲提取银，须限于七日之先预告知，此一法也。复有一法，借银与银庄时，预为言明，一月或三月或六月取还，殆所历月日愈多，银庄予之利息愈大也。银钱有浮存于铺号可随时取用者，若等浮存银，提取使用无庸预为告白，或予以极低微之利息，或不予利息，缘银号主人必多存现银待人来取，不能将银放出耳。

银庄靠贷款获取利息

将浮存银提取出时，亦有存于银庄者，设银庄之生意甚大，寄存银之人数盈数千，决不至同时俱来取银，且付银存储者数多，彼银庄主于己银之外，亦可将人存之银出放予借银人，赖之以获利息也。

银庄主人将银借予他人时，所用诸法，亦各不同，或以货物并房地等产业文契为质，或用铁路中之股分票并国家库储中借银之股分票为质者均有之。惟如是借银，不甚美善，恐其欲使用钱时，不易将银得回，是以此法借银不能甚多也。复有一法，存银于银庄之人，将银提取尽，可听其仍借银庄之银两，银庄主人或确知用银人为妥实可靠者，方如是办理耳，或有契据为质，有亲友充中保，均可借予银钱。

第八十六节　欠帖借银法

银庄主人将其所存银两借予人用，为极合时宜，而兼合理者，即见人持一欠帖至，帖内注明银数，至期必全数清还，以此为质，即可借予。譬犹李姓将值千两银之布赊予张姓铺售卖，约定数月之久可将银归完，俱因张姓之本银无多，布存铺中须陆续售卖，故张姓约订李姓，立过三个月讨银之帖，张姓亲画押记于上，李姓呈帖与银庄，银庄坐扣利息发予银两，其欠帖式如下：

> 立字人李某，今卖予张某布二千匹，价银一千两整，言明自本月本日后过三个月全数归清，届期张姓付银予李姓，或付予持本帖之人。恐后无凭，立字为证。
>
> 张某押
>
> 光绪十年二月初一日　李某亲笔立

此等欠帖，李姓为开帖主，张姓为许帖中欠银人，是帖即李姓声明张姓欠债之清单，欠债人认真所开之语无误，伊即于其上书一许字，并书己名画押。

倘开帖主与欠债人，均为有声闻无伪者，号商铺理事人等喜购其欠帖矣，帖中所注明之银数，伊愿先期代为付给，惟须坐扣行息，即以年中百分本银之五分利息为率，坐扣其所剩若干月日之利息也。如是之帖号商铺多视为妥实有据者，因张姓已画押允诺，届期满之日，大抵无不全数交还，如或不然，有开帖主在，可复向彼讨取，而此等帖票，并可由他愿买人之手经过，经何人手，何人即于其上书名，转递与新得其帖之人收执，末终帖在谁氏手，谁氏即可持帖向张姓铺提取银，张姓倘不付予，可向于帖中新近书名之人讨取也。

第十四章　生意兴衰循环之运数

第八十七节　贸易之兴衰循环以时

贸易一节，时而活泼，兴隆茂盛，时而休囚，生意跌落，有盛有衰，递运不已，固为大众周知也。日月星辰运行于天，举属有往有来，潮汛涨落，依有定不移之时分，且相间之时分，确准无误。前此二十五年，英国论富国养民家有云：生意之一盛一衰，同如潮水之一涨一落。泰西著名诗家筛斯比耳有云：人事仿如潮之汛涨，人乘潮涨势前进，无往不利。贸易亦如是也。此等贸易事业之兴衰，有关乎四时者，率多春夏兴盛冬令衰落。是以英国借贷银两之事，每在西历正二三三个月，并六七八九四个月中，借银最便，十月并十一月内借银不易，有时利息骤然升高，且行店铺户是二个月中关闭居多，复有四月五月不便

贸易兴衰有关乎四时者

借银铺户倒闭，惟不及十月、十一月之烈也。西国生意中人深知此事，可趋避此等不易脱逃之患。

贸易场中，别有一种仿如潮极长涨落式，以十年上下为限。寻求其故，精心考究之辈，迄今日举不能洞晓。经理贸易事务人，时而兴致勃发，有进无疆；时而心甚冷淡，迟疑不前。当夫兴致发勃时，心筹画者，国中继此必日臻富厚，兹时将资本寄入于新创之公所坊作，或新立铁路火车造船只银庄等公司，所得利益必不乏，有数人若是之兴发，将有多人从而效之矣。高朋满座畅叙时，有数人高谈阔论，侃侃而言，一室人均无郁闷气。贸易场中亦若是耳，数种生意蒸蒸日进，将蕃衍及各他种生意，诚至是时，精明强干人，拟具新法创立新事业，开出各种用银钱路术，发说帖布告与众，愿出银钱入股分者极不乏矣。历无多时日，决有他人别立数种他等生意，盖新立之数种公司，股分价增涨时，他人以为别开用银钱之路术，股分亦可增价也。及至此时，将有人具若许毫无把握、声势虚夸之事业说帖矣，缘兴发之人数过多，若等说帖，必有人随声附和，同于人之病狂也。

第八十八节　贸易忽起之虚幻

于贸易虚幻时，人呈递之集股贸易公司说帖，无论何路，入手兴办，不能不需用多端成材物料，筑造房舍，将见材料之价值增加，成造各材料之工匠工价亦涨，于工匠价涨时，工匠银钱盈馀，凡饮食衣服并器具什物亦必多制，是购货之人数益多，售货之铺号益获利也，此时虽无他故他种货物价亦可因之增涨，售者意中以为若等货价既增涨，他种货价亦宜加高，因而即赴他处多购，以冀大获利益耳，于兹时也，号铺多家欲出而收买，以为趁此价高可售与人，继至货价跌落，祸乃委与他人矣。

此等情形，实不能历久不变也。新创之公司中，凡买股分者，届期不能不缴股分银。伊等既缴股分银，即不能不由银号提取前所存之银项。惟至是时，银号中可借贷与人之现成银微较少矣。而织布匹造铁货之各等人，并贩运货之商人，以及买空卖空之牟利人，或用银制造多货，或用银购买多货，举不能不向银号借银，以使贸易开阔，适逢亨通茂盛时，可发利市多得钱也。银号中缘现存之银数，不敷众人欲用之银数，银号随抬高银利矣。凡银号借予人银少至七日，或多及三个月六个月若干时日者，均增涨利息，是即贸易中之虚幻，日渐加增耳。买空卖空之辈所借之银数，较所实有之产业，恒多及数倍，或十数倍，其虚幻不诚大哉！譬犹为四万银成本之一行店，伊因信虚幻深足恃，遂置办八十万银之货，或置办百馀万银之货，而欠若许债也。 买空卖空

若等以虚幻势买卖者，有时因银号增价迅速，获大祸患。伊等初筹算入手时，行息利银按年计之，只为百分本银之二三分，及至虚幻术行开，乃增至七八分若等多，既至是时，所得来之利银，大半俱归于放出银之银号主，亲

身空买空卖者，反不获利耳。出银买其欠帖之人，或押其货物为质之主人，俱愿银火速归回，至此，以虚幻势空买卖者，不得不将存储之货，依可得之价，及早出卖矣。既有数铺家急于卖，各他铺家亦将急于卖，以其心甚焦躁，深恐价值跌落益甚也。当夫是时，各铺家争欲将货卖出，购货者洞晓售者之焦急，必将抑勒其价，不减落不购买矣。以虚幻势空买卖者，值此不能复勉强支持依低微价售出其货必致亏本，先前所有之资本，不足抵空虚之数，故于所允诺之银数，不能偿还而倒闭矣。有如是之关闭歇业者，于他人大有不便，譬云制造货物者货既造成，赊予现关闭之铺中，尚未发予价值既关闭矣，胡能得其价值乎？初何知伊制造其货时，亦由他处借来银而制造成者也，因之亦必歇业关闭，若是之祸延株连不已，甚至极省俭有名望之贸易家，视其本银不为多贷他人者，亦将受摇撼不稳固矣。

第八十九节　贸易虚幻败露

经济危机

上文八十八节所言之情形，所谓贸易虚幻败露而倒闭即是，货价衰落，银庄不敢出放银，有志理营生者，亦裹足不前，当夫此时，各行店号铺，不知谁氏几时关闭，市面情形，大异前时，人俱胆怯，不敢创新行局新立事业，并不敢开何种公司，缘伊等均知无人购股分，早买妥股分者，亦无银寄至股分处，惟无现成银两，数月之虚幻，至是败露矣。以虚幻势创立之新事业大抵人皆识破，知其为中虚空泡，不能获利，譬犹新铁路开于不能有货运之处，或煤铁窑矿立于无煤无铁之所，或制造成不能驶行海面之船只，若等情节，原为不能行者，所费之资财尽遗弃矣。

生意大败，倒闭家多时，不第入股分人失去资财，并有若许工匠失望，无手艺可作。亦有数种他事业，较胜于所倒闭之业，尚可兴工操作，譬犹铁路公司，适筑室炼铁，工匠等可暂充筑室人，并炮炼铁之人，然历一岁二岁之久，工程告竣，仍无他人敢创事业，实缘有若许行铺倒闭，股分主多家失资财，人咸怀惊疑惧，兼有撞骗愚弄人之术泄露，有数人抱畏怯心，他人将追随仿效，亦各抱畏怯心矣。人于世间生理贸易，犹如行路之群羊，一与一之踵接肩摩，究不解其实缘何故，及历一二岁，铁价煤价木价减落至极低分位，承办煤铁木等物料之人，多亏空折本，工匠等无所事事者不乏，遂致进项不敷用，难购店铺存储之货，是以店铺中购货者渐寡，贸易运气亦由渐衰微，家道殷实辈，变为室如悬罄者甚多也，或因日用度支之故，将平素积蓄之银项亦用尽矣。逾二三载，俟空买卖之人，将折本事遗忘，从新复谋生涯，或幼年不识生意路深浅者，自视可于中获利，加以银钱广多者，于多得利息无术时，存寄银于银号，行店主陆续将栈货售出，亦将所得之银项存储银号，银号中存银增多，所出放银之利息，自可低落耳，银号中不似市面多虚幻势时，不欲借银与人之谨慎气象矣，甚愿借予人矣。自兹以往，世运又经一番周转，贸易场盛衰成败，殆无不若是之周而复始也。

第九十节 贸易之兴衰循环势

余等于贸易场中，设能预料其盛极必败在何年月，实于国计民生大有益，第余等不能确知耳。于贸易兴衰有关系者亦多端矣：何国起争端开战，何国政教忽变更，于何方忽得新地，于何处寻得金矿，或于由来不通商之国订条约开成口岸，或逢凶年饥馑，或遇大有丰年，情事虽各不同，要均可增贸易减贸易也。然贸易之兴衰循环，真可以十年为期者实不乏。溯乎从前，乾隆十八年、二十八年、三十七年，或三十八年、四十八年、五十八年，此数年中，大抵为英国贸易困极复亨之岁。嘉庆二十年，道光五年，十六七八九年间，二十七年，咸丰七年，同治五年，此数年中，大抵为英国贸易亨极遇困之岁。继至光绪二、三年间，据循环之理言之，贸易似应有大减色受困窘事，其所以未呈露困象者，缘同治十二年，美国贸易大形困窘也。迨至光绪四年，英国贸易大受挫折矣。

于贸易兴衰有关系者亦多端矣

贸易兴衰以十年为期

贸易场中，兴衰循环以十年为期之原由，每常加意细考，产葡萄酒之数国，逾十年或逾十一年，决有丰收大有之一岁。而印度国中，逾十载或十一载必有一凶年饥岁。推揣悬想，殆与天气有关照乎？既一处于天气有关照，而天下万国应均与天气有关照，可推揣由日射来地面热极多之时日，盖以十年加以数月为期耳。地面多增热气，五谷生长益畅茂，贸易中人之资本，愈见丰盈，生意兴隆，财源茂盛，国人自生出若许壮大胆量之望，讵知因大众之均有冀望，而贸易中之虚幻旋即失矣。当日射地面之热减少时也，五谷不甚丰登，天下各国之贸易震撼摇动，错乱纷纭，祸生不测，虚幻势忽崩裂，行铺多倒闭矣。诚万古不易之循环也。

满折得城中约翰米勒云，贸易盛衰循环，以十年为期之运数，可如是阐明之。前三年中，贸易气象抑郁，不甚通畅，工匠等工作事寡，工价低落，借贷银之利息甚微，民带困苦景象。中三年中，贸易兴隆茂盛，万事亨通，工价升高，借银利息微增，工匠操作事多，借贷银为谋生资本亦易。由是相继续之二、三年贸易势有出乎情理外之崇高，由渐变为虚幻，民情矜夸相尚犹如病狂，渐涨至崩裂分位矣。及末终之年，则一败涂地。试为开表于下，指明十年中之循环式。

经济危机的几个阶段

贸易情形十年为满期之式

一二三	四五六	七八	九	十
贸易气象郁闷未畅	贸易情形兴隆昌盛	贸易成奇异升腾式	渐成为虚幻气泡式	倏忽败露崩裂

贸易情形，第不能确遵此式毫无异也，有不及十年，八九年即如是循环一周者，并有于十年中，或俱有小虚幻事搀入，以淆乱大虚幻，使十年为期之次序紊乱者。要

之，各国之中虽有构衅接战，议和订约，并他等于贸易有关系之事，贸易场中情形，大抵仍可与表中载者不甚悬殊也。

第九十一节　虚幻崩裂以何法筹备无伤

贸易场中，此等由渐涨成虚幻气泡，忽而崩裂之情形，实为民间之巨患，有若许人因之亏本倒闭，不能清还借贷银，仅以少数算结，至于是时，素来丰富之善良家失去银钱者，实不乏耳。充工匠者，受伤损亦非浅鲜，有多人不得工作，间有工作者，不能得应值之数，伊等即约立行会罢市，若等立行会罢市之事，于虚幻气泡崩裂时，较他时尤难得功效也。职是之故，贸易人无论为实有资本者，或为买卖空者，并工作之手艺人，所应加意者，即于生意兴盛之后，必有生意衰残继起也。是以伊等于买卖顺利亨通之候，有资本应十分小心谨慎，均置于极妥实稳固之事业中，可如是为之，倘有多人于何一贸易俱入股分，尔无庸亦将己之银入其中为股分，缘购股分之人数过多，易肇弊端耳。譬云煤价高大，业煤者多得财利，必有多人创开新煤窑，彼时，尔切勿购买其中之股分也，盖后此数年中，开新煤窑者众多，出煤甚广，过此而生意衰落，购煤人少时，必有多人于开煤窑贸易中受伤损。大抵可如是言之，新创制造公所局厂，或新创煤铁何矿，或创立各等贸易公司，其极当之时，即在贸易不昌盛之时，此际之工价不昂，利息甚微，挖取煤，炼冶铁，建造房屋，无贸易兴旺时若等价贵，惟俟生意兴隆时诸事备妥，尔可入手理新局厂之营生矣，缘是时与其生意同类之贸易，新创者无多，尔可乘机兴办获利也。

如上段所拟之策，与以虚幻术空买卖，诱人立贸易新事业者，毫无干涉。若等人以创立新事业为本务，开出股分票，俟适于贸易势虚涨起之日至供与喜购其股分之人，伊等趁此新事业尚未衰时，卖脱己之股分，使后时多家倒闭受亏损者，均属伊等所诱引之人，于己无与也。凡有卓识之辈，绝不欲于贸易虚涨时，买何股分票，苟反乎是，彼必将核之道理有疑虑之各事业股分，于价高时俱卖妥，将此等浮游不妥固之银钱，买成质当确有把握之股分，或买为国家借款之股分，可冀虚涨气泡崩裂生意倒闭时，彼不大受亏折也。当夫众趋如骛，宛若病狂时，识见卓越之人，往往亦不能脱免，究察出万物互相摄引理之英人奈端，于康熙五十六年，英国大平洋事业股分势如气泡将崩时，曾寄信与其友，俾其于太平洋股分事业中代买数分，迄于今，其信犹在英国钦定格致会书库收存也，有客至此，可取出与彼阅看，伊于寄去信之后，逾无多时日，彼虚涨声势之贸易一败涂地矣。奈端在英国，为天资绝高之奇才也，犹受贸易中情同病狂之惑，况他人乎？从可知当大众竞买情同病狂之股分时，不随声附和相效尤多人如是，庶可将纷纷倒闭之患大者化为小，小者归于无耳。此等贸易盛衰，迭更循环，迁延至久远依旧不移，俟黎庶醒

奈端（牛顿）投资一败涂地

悟，于富国养民学论解之贸易循环，俱明晓透澈，能预为由旁窥伺而避其凶锋，知其中之分寸界限，而遵依照办，可免若等祸患矣。据理而言，贸易人于生意衰落时，宜壮大胆量。于生意兴发时，宜谨慎小心，绝不应以与此相反之势经理之也。知贸易之有循环递变，可早为思患预防，是以著书时，于此事中，致嘱语较多矣。

第十五章　益民生诸事官办、民办之利弊

第九十二节　国政掌管诸事，有不得不办者，有可行可止者

国家执政者理宜掌管之诸事，或为职任中所原应承办者，或为于百姓间随时行出有益于民之各功绩，若此诸事，各分二类：一为势所不得不然者，一为在可行可止间者。

国家执政者不得不理之事

国政中所不得不理之事，即卫护本国，防御外敌，俾国中人民，无盗惊而安居乐业，各得其所。有违犯定章条例者，治以背叛之罪；有创夺强掳扰害闾阎者，加以应得之罚。且设立理事厅堂，使民间之词讼争端，皆得赴其处控诉，而是非曲直昭雪。外此复有国政中所不得不行者多端，兹时毋庸烦絮赘论耳。

国政可行可止之事，即官办强似民办之诸务也。譬犹云鼓铸钱法，为国中通行之财源，设立升斗、尺寸、斤两等准则，使统归一律，以昭平允。修补官路，立传递官民书信之驿局，设观星台，测风雨局，博物院，博绘院，并有多端他事宜，均在可行可止者类耳。伊古来泽被群生实惠及民之若等政令，如上所论道者，各国深属广多，非可一一悉数。诚能确知何事为国家可承办者，何事为民承办胜于官办者固甚善，独惜不能加有准之断语也。风俗各有不同，时势屡有移易，事务在此国官主理较善者，或在彼国则民自经理较善。如俄国之铁路，澳洲之铁路，均为国家创立，相其情形，较胜于民间公办，第不能谓情形不同之英国、爱尔兰、与美国，亦以官办为美。英、美国之铁路火车，俱民间集股开立也。要之，英国之邮政局，每岁获益良多，而办理电气通信，每岁则有亏空。设英国之铁路尽归于国家管理，诚恐事务烦多势大，生出极多弊窦耳。若此之各种事，俱顺其所有之情形，临时断定而已。谈富国养民学者，只能将治理国政之各等利益弊窦，剖辨明白，其他则姑置毋论矣。

官办民办孰优孰劣未可轻下断语

第九十三节　国家承办之利益

国家为通国之益，立一总局，理某类事务，每常节省若许人工费用。即如伦敦城中，所设之测验天气阴晴风雨局，每日接得国中各地之阴晴风雨信，并由欧洲多处达来之风雨阴晴信，互较勘各处之天气如何，奉以为据，可推测将来应有如何天气矣，较人之独于一处测验天气者愈数倍也。总局中将所得知之天气信，由电报达与人知，并于新闻纸中通知各地之诸色人处，每岁之中，国家拨出数千磅，总局之为用甚大，测验天气所费钱财无多，实缘其能收防船坏防煤窑火着之多端成效，兼使若许人于他等祸患能预知而早设备，从可知测验天气阴晴风雨之事，为国政中理宜兴办之要务也。

国家兴办邮政局于民间大有益

且国家兴办邮政局驿递信件，诚于民间大有益。此数十年中，信价极廉，路程远近相若，民情均感戴国家立此善政矣。而迩来新增一美益，分两不大之包件，可与信函同寄去，从不多取信资也。当夫昔时，英国伦敦城中，分立专送货包信件之局，举属马车装戴赍分，周遍伦敦城诸路，终日鞅掌，复有铁路公司，亦令车送货于货商声明之无论何处，且开巨行店者，亦有运货至买客家之马车，费用诚巨矣，胡能似国政中立一总局，由总局赍货件与分局，费用少且便利乎？一通衢止有一车送货，设为比户皆有货包者，此马车可顺便，俱一随一之赍到，岂非省若许路程，兼省若许时刻乎？是以较曩昔省若干工费也。

第九十四节　国家承办之各弊

试即上节反言之，民间自办，于民生有益之诸务，办之甚合机宜者，倘尽归国家治理，恐致酿成祸患，诚以官吏得缺任事后，撤而不用者极寡，纵或裁撤其任，亦有其毕生之廪禄。职是之故，凡国家兴办一端事，无论有无成效，停止殊非易易，费用浩繁，故必有进无已之一往直前行去也。加以为官吏者，知职任事虽罢，犹有彼一生之养廉，遂不殚厥心志理事，反不若由民公办为妙耳。国家兴办事务，薪水较多，功效犹不比民办者大也。

从可知国家兴办，非较民间私办利便省工费者，决不可归国家创办也。所务宜公平慎审酌定者，即利益多伤损多耳。即利言之，国家立一局理事务，银钱无限量，资本无不敷用，即弊言之兴办由于国家，较由于民费用恒巨。譬犹邮驿一事，国家经理，利较弊大，迩来核定新章，小包件可一同带往，年终计之，似亦必多获利益。电报局中，视之实有利益，而至岁终总计，亦有亏缺，国家乃喜为赔垫。至铁路一节，英国如国家出银购买而自为经理，则利无多而弊实大矣。美国赍送货包物件民间自为兴办，较国家官办尤妥善，从无遗失，且省脚费。由旁公平观之，美国之铁路并电报，民间自经理，较国家派官兴办，自必为益多矣。

第十六章 征税

第九十五节 征税不可不立

既立为国，不能无治国之政务，无论政务多寡，要不能不费用钱财也。所用出之钱财，既不能于治理之事务中，如贸易人之多获财利，是以必于各项赋税中得来。大凡国中之经费，或本京师本府本州本县之花费，所有取之于民者，举可名为征税也。亦有情同征税，人不觉其为征税者，即如信件价值，半为信局之经费，半为局中之美利，利之半即可权为征税观耳。且一城所用之清水，或煤气，均设有股分公司也，承办其本城中若等事务之人，俱向用水或煤气之铺户房主讨银钱，亦可以征税视之也。 为何要征税

古今来之风俗，各地不同，而各国征税之法，实亦远不相若，多至无穷。当中国宋明时，英国征取人丁税之令

綦严，无论男女老幼，均有定税，民不堪命，怨声载道。至康熙年间，英国不取人丁税，由是乃永不取矣。而国朝于国初时，即将人丁税裁撤，归并于田赋内。英国昔时，别有一按火取税法，富厚家生火处数多，则多取税，贫寒生火处数少，则少取税，催讨税者，亲身入室检视，何家生若干火数，民心不悦。继乃更为按窗讨税法，取其不必入室，由外即计算清楚矣。至于今日，英国以窗牖之光，为由至公无私之天上得来，不分彼此厚薄，凭之取税，于理未当，故撤去此条不用也。惟照依房间租价多寡事业进项若干，月中用酒几何，完税几何，第酒税于酿酒处取之也。赋税一节，中英殆不相同，中国以地丁银为大宗，杂税银为副款，英国则以人之进项等税银为大宗，地丁银为副款矣。

奇怪的英国征税法

第九十六节　征税分直取曲取

直取税之谓，即言何人为应完税银者，由何人征取也。譬犹英国雇用男子为仆佣家，养有车马家等类，即直向其本人索取，凡富家自用代步，不赁与人乘坐之车，并无令他人代完之路，惟有自己纳税耳。而国家不讨赁与人坐之车税，恐御车人，或养车马铺户，每向赁其车坐之人多讨银钱，果尔，实为由曲面完税矣，议政院殆不欲向进项无多之人取税耳。英国所有各他等直取税，如量人进项税，养犬有税，摊养老恤贫院费之钱，以及住居房税，皆

直取税即直接税

有之。据理而论，直取之税，亦有时变为曲纳，如所完房税，虽出于住房人手，缘住房人，或将所属之房，租与人住，分为数家，难言其为出自何人矣，是以议政者公同会议，有时不能确实酌定某种税，著于何类人完纳也。

曲取之税，即向铺户客商讨取也。设条例者，视为铺户客商，可由买客货价中取来，此等婉曲完纳之税银，在英国大半即黄烟与酒所完之进口税，复有征取本国各坊作制造土货之坐地税。当夫初时，不过于货中抽取出数分，如中国之漕粮然，由渐折价变为银钱也。斯时英国土货中抽取税银之物极少，惟酒之一项取者较多，本地酿成之酒，议政院酌定税额时，使与进口酒差无几，英人自酿之不懒的酒，与法国来者纳税无异，如是处置，既非鼓舞伊等多酿，兼非遏抑伊等少酿，一面昭显公平，一面合商务畅旺，国中进款不受损害。复有一类曲取之税，即所谓方足寸之官票也，民间凡有应用官图章之一切合同文契，英国俱粘贴此官票，即议政院之规例言之，凡一应合同与租赁房地器物若干年之文契中，以及凭帖取银钱之票，与何收单中，苟无官票粘贴，均视为废纸也。所粘贴官票，应值之价，少须一贝尼，大则至数百千磅，务视其所交易之产业价银高下为率也。相度此等官票税，大率为由曲输之税，欲判明孰为实纳其税者，亦因其情形随处不同，难以遽定矣。

曲取税即间接税

第九十七节　酌定税之数端要理

国家酌拟赋税，首先道及应遵之诸要理者，即亚当斯米所创声明也，论诚至善，凡习富国养民学者，务宜拳拳服膺而弗失也。试为依次列于下：

国中人民均应纳税

一、国中人民，均应循分量力，输将恐后，以成国家之经费。民受国政保卫，自宜以本身进项之多寡为率，而输纳数分。要以均匀公平为善，是即可谓为均平输税之要理，即由无论尊卑贵贱何等人之俸薪工食中，务皆量其事体而公平均输也。英国收税者，大抵于人进款中居十分之一，无论士农工商何等人，输纳予国家，偿其国费，殆与此数相若耳。惟余所忆度者，于大发利市广得财之人，所输者不足十之一，复有进项小曾不足列于进项税单中者也，且伊等如并为不饮酒，不吸黄烟者，纳之税数必极寡，亦仅于已本地养贫民之款项中，有遵例之输纳而已。如国政筹核，欲立一均归于公道匀平，不于一人有所失轻失重之税项，实为势所不能事。所谓进项税，即于进项中之每一磅，抽取若干贝尼，而欲令人将其进项之多寡全行道出，亦为势所不能也。贫乏之辈，亦不能使其按进项完税。职是之故，即不能不复加他种名目税矣，便于使脱却此项税之人，可由别项输纳赋税也。

一、国人完税应有定额也。据理而论，不宜随催讨税者意，裁定增减，均应额数有定，时日有定，银钱多寡有定，而彰明较著也。是定之一字最关紧要，倘于何者有所不定，督催人可向完纳户加科派溢取或示私恩少取，以致渔利受贿之贪心起，弊端丛生也。职是之故，而税数并不应按货价征取矣。譬云葡萄酒一货，价之贵贱不等，依其成色之美恶，名之嘉劣，所差极多，督催税者不能确指其货价多寡也。假使抽取税银，仅执运酒进口货主人之语为准，恐货主将道虚语，以多报少，而催税者被诱受贿也。理是事者，不易形出督催税者之短，并运货进口客人之短，是以于酒之一货，拟定按其数之多寡取税矣，倘有陋习，易于查出。至他种货物之均与酒成色有美有恶无异者，应俱依数之多寡定税也。 国人完税应有定额

一、征税应在完税人极便之候，并诸事从简不烦琐也。国家设立条例，应均以民得利益为意，国中极形富厚，何须忙迫急取，向民征税，务宜俟农隙之月日，从简不烦耳。即如所言之进项税，在西之正月，中之十二月，讨取不嘉，缘是月中销结上年清帐之事极多，恐银不足用，故国家于他月中催取也，即欲其简而不烦之意。推之，凡进口出口之货物，于关卡，并制造局，即货主身征税极便，使百姓无购一瓶酒买一两黄烟定税之烦。若辈心中，如不愿完酒烟二种税，乃不饮酒，不吸烟，可获二端利益，一为于身躯极嘉，一即不完烟酒税，而将其银钱归存项中也。如 征税应有完税人极便之时

有人之进项足以饮酒吸烟，自宜输税与国家矣，以其明显富丰也。收银钱者，于收单中粘一官票，亦属税课之美者，一分馀银之费，收银之人，自不吝惜而乐于出耳。

一、税银之数，以出乎花户手者与收入府库者，所差益少益嘉也。取其书吏等杂费愈省愈善，凡属须多派催税人之若等税，不宜设立，恐其费用过巨。凡税于贸易中有何惊动摇撼，使货价于市中有关增涨之弊，亦不宜设立。花户完税，切勿令徒费时日，枉用盘川，以其与增税无异也。论观至此，而合同等文件粘贴官票之法，未尽善矣。民间之合同文契，时或不得不亲挟至官局粘贴官票，所需时日盘川甚多，或不得已而托请律师，或倩人代为办理，伊等薪水，不为细故，且民间因合同文契中粘贴官票过于烦琐，多不粘贴，立合同约契时，仅赖立合同之人，并中保人，为信实矣。然以律例核之，此等未粘官票之合同文契，可视为废纸也。国家设立政教，为此一二钱税银之小节，使民不得国法护卫，亦不为美耳。

第九十八节　通商并土货得偏护

伊古以来，各国立税务之法制禁令内，几均有卫护本国百工技艺之例，令人购外国货价贵，借以鼓励本地土货。如是经理，每谓国家既不准黎庶购外国货，无计可施，自必买土货，致令制造土货之役事奔忙，举凡匠人俱有工作，是即可谓之为偏护土货之误也。众人极以为是，据理言之实非，无论何行店铺，制造土货之主人，总不喜他人就来，照依更低微之价，售出较伊等货成色更嘉之货物，外国货运来进口，有喜于贩运购买者，制造土货之人，极怒目含恨，遂煽惑他人云，余等因外国货进口，以致大受伤损也。黎庶之间，恒有我国善他国不善，我国强胜他国不及之意，闻有道及外国货较土货美者，本地人多不悦，督理制造土货者，以多端不合情理之语，言宜严闭口岸，不准外国货进口，则伊等并他人，将有多用工人造成色同美之货，而国中可增富厚矣，而早驳倒不能久之误视将复见也。上章五十五节不云乎，伊等谓设工作之意，即尽为使多有工作，不知工作之意，非为作工，乃为使人多得所用之各物也。

进口外国货有利于竞争

进口之外国货中，加以税课，自能增利益与土货主，并各种矿主窑主，因庶民于进口货中，有喜丁购买者数种，已即加意制造也。设税课业加于若等外国货，伊等业享受不合情理之利，如停止抽税，仍听若等货入口，自于伊等稍有伤损。惟以富国养民道核，不能以某类人得利益为意，止以众人得利益为愈也。言加税课于外国运来进口货为美术之人，所未尝留意处，有得确据者二端：一技艺工匠造作货物之意不外造成繁多价廉；一运价值格外便宜之外国货进口来时，胡能不以本地土货转运出口，以抵偿其货价哉？

前章二十节与二十二节，已论及各种财货，应生于获宜适当之地矣，欲知何货生于何地为适宜得当者，即以货物价廉而至嘉美为证。假使外洋货较土货价廉，外洋生产其货之国，即其获宜适当处，奉以为据，可知若等货物制造于外国，较在本地省工费，且易成就矣。论至是时，有起而驳之者曰：余等本地工匠，将若何乎？货由他国运来，本国工匠将无活计作矣。则将如是答之，曰：是诚无根据着落之语也。外国客商运货来入口，所企望者，即易去土货，或易银钱，以全此交易也。设以土货偿其洋货之价，余等必需本地工匠制造土货矣，由外运来之客货愈多，本地产之土货运往外洋者亦必愈多，购外国运来之货即从优鼓舞本地造土货之各事业也，因其所勉励前进之各种事业，实为本国产之适宜得当者，亦为增益国中之丰盛财源耳。

进口外国货有利于本地土货

第九十九节　国富不恃金银入口之多

以土货抵进口货之说，上节业论矣，而以货易银钱之谓，复有起而驳之者曰：进口货应得之价不以土货抵，而以金银偿，恐国中有金银匮乏，由渐流入外国，不堪为富国之虞。是即伊古来人视国富在金银多之一误耳。揆之情理，实难合也。积千万两金银成巨堆，有何益哉？存储金银不用，亦徒失丧利息而已。素封之家，以金银制成杯盘等器具供玩赏，伊等得之喜乐，权可为抵金银生之利息观也。金银徒存于家，除每日不可缺之度支外，馀尽为坐视失丧利息，若等人有何可隐忧顾虑哉？国中绝不能将金银漏失也，金银匮短至过少时，即金银为货言之，价必增高，是即以货物来市之多寡，定货价高下之理也。金银价既增高，货物价必按率低落，而出口货将较多，进口货将较少矣。惟澳洲与北美洲广产金银之若等国，仍以金银买进口之货物，亦理所宜然，若等国如是通商交易，实缘金银为其土产，不费财力而即得。第金银等物，务宜于矿地中拣取炼制，是以用金银购买货之国，其金银非为产于本国矿中者，即为由产金银之国以土货易来者，无论其情形若何，凡属购运进口岸之外国货，断不能不以价相同之土货抵换也。由是而知，与外国通商交易，乃增益本地制造货物之一助，非减去本国人民造货之殷勤也。

第一百节　富国养民之学非同无意味人不可习之术

是卷启蒙书，为富国养民学解破题面，入手初工，只讲论是学术中之数端，篇幅无多，难于详说透澈。著书之意，惟欲令观书人，知此理甚善，喜向前进，观阅较是书词意益深远之书。所最要者，无论何人批阅至此，确知富国养民学，非为于黎庶不施恩之学也。是书所论道者，可俾工作人减去负荷责任之数分，令伊等几案间陈列之菲饮食，易而为味美养人力多之嘉旨物。且是书之学，俾余等忆及民庶，徒受多端苦难诸事，并令余等忆及在养老院牢狱养病院中者，如何可减受疾痛之数等事。外所论者，更有停工罢事，坊作止工，匠役不获工作，铺店倒闭，米粮腾贵，凶荒饥馑诸般事，均属人所不喜耳闻不喜目睹者也。既为人不喜耳闻目睹，而必提论此类困苦事，要为好善乐施之仁人君子，欲借此富国养民学，使之脱免而不见耳。于是反而论之，倘有人于富国养民学，广为查考而熟悉，深可减少若等苦难事，俾余等用财时，知以何法能消灭民间之艰难困苦，增益出各种畅快福气也。

富国养民学之益

富国养民策

译名简释

三画

广览图画院

美术馆

马耳低挪

英国女作家

四画

不懒的酒

白兰地酒

比国

比利时

瓦得，瓦德

瓦特

贝尼

penny，便士，英国货币单位

公书院

公共图书馆

风气

空气

火轮车之暗路

火车隧道

巴贝知

英国经济学家

五画

代米斯河

泰晤士河 Thames River

加拿达

加拿大

六画

地学

地质学

亚当斯米

亚当斯密

西虐

英国经济学家

百名含

伯明翰

传道人

传教士

防疾学

医学

红皮人

印第安人

约翰米勒

英国经济学家,曼彻斯特人

七画

医疾馆

医院

利佛耳诺

里窝那(Livorno)? 意大利港口城市

身学

生理学

快观园

影剧院?

八画

奈端

牛顿

国政学

政治学

金鸡拿

金鸡纳,一种植物,专治疟疾

九画

挪非西

意大利经济学家

重学

力学

信局

邮电局

俄波孙

即考拉,树袋熊

侯士勒

哈雷(Halley)? 英国天文学家

施令

先令（Shilling），英国货币单位

测验风雨局，测验天气阴晴风雨局

气象局

十画

格兰有半

英国计量单位

格致学

科学

哥拉兹顿

格莱斯顿（Gladstone），英国首相

晒革斯比

莎士比亚

铁药

不详，有补血作用

铁裁缝

缝纫机

倭铅

锌的古称

十一画

得律风

电话

十二画

斯低分孙

史蒂芬孙，英国发明家

斐洲

非洲

销化

消费

筛斯比耳

莎士比亚

《富国探原》

《国富论》

十三画

满折斯得，满城

曼彻斯特，英国城市

走向世界丛书一百种

初编三十五种以＊标出

谢清高 **海录**（附三种）
* 容　闳 **西学东渐记**
* 林　鍼 **西海纪游草**
* 罗　森 **日本日记**
* 斌　椿 **乘槎笔记**
* 张德彝 **航海述奇**
* 王　韬 **漫游随录**
* 志　刚 **初使泰西记**
* 张德彝 **再述奇**（欧美环游记）
* 张德彝 **三述奇**（随使法国记）
王　芝 **海客日谈**
* 祁兆熙 **游美洲日记**
* 李　圭 **环游地球新录**
* 郭嵩焘 **伦敦与巴黎日记**
* 张德彝 **四述奇**（随使英俄记）
* 黎庶昌 **西洋杂志**
* 刘锡鸿 **英轺私记**
李凤苞 **使德日记**
钱德培 **欧游随笔**
* 何如璋 **使东述略及杂咏**
* 张斯桂 **使东诗录**
黄遵宪 **日本国志**
* 黄遵宪 **日本杂事诗**〔广注〕
陈兰彬 **使美纪略**
* 曾纪泽 **出使英法俄国日记**
* 王　韬 **扶桑游记**
* 徐建寅 **欧游杂录**
谭乾初 **古巴杂记**
王之春 **谈瀛录**
* 李筱圃 **日本纪游**
池仲佑 **西行日记**
蔡　钧 **出洋琐记**
袁祖志 **瀛海采问纪实**
张祖翼 **伦敦竹枝词**
王以宣 **法京纪事诗**
潘飞声 **西海纪行卷**
潘飞声 **柏林竹枝词**
潘飞声 **天外归槎录**
张荫桓 **三洲日记**
邹代钧 **西征纪程**
王咏霓 **道西斋日记**
张元济 **环游谈荟**
余思诒 **楼船日记**
缪祐孙 **俄游汇编**
张德彝 **五述奇**
* 傅云龙 **游历日本图经馀纪**
傅云龙 **游历美加等国图经馀纪**
洪　勋 **游历闻见录**
崔国因 **出使美日秘国日记**
* 薛福成 **出使英法义比四国日记**
* 薛福成 **出使日记续刻**
陈道华 **日京竹枝词**

严　修 **东游日记**
姚鹏图 **扶桑百八吟**
凤　凌 **游馀仅志**
* 黄庆澄 **东游日记**
吴宗濂 **随轺笔记**
宋育仁 **泰西各国采风记**
王之春 **使俄草**
伍廷芳 **美国视察记**
* 蔡尔康等 **李鸿章历聘欧美记**
张德彝 **六述奇**（附 七述奇未成稿）
刘学询 **考察商务日记**
黄　璟 **考察农务日记**
罗振玉 **扶桑两月记**
罗振玉 **扶桑再游记**
丁鸿臣 **东瀛阅操日记**
沈翊清 **东游日记**
* 梁启超 **新大陆游记**
张德彝 **八述奇**
载　振 **英轺日记**
吴汝纶 **东游丛录**
双　寿 **东瀛小识**
缪荃孙 **日游汇编**
周学熙 **东游日记**
* 单士厘 **癸卯旅行记**
凌文渊 **籥盦东游日记**
张　謇 **癸卯东游日记**
蒋　煦 **西游日记**
王景禧 **日游笔记**
陈　琪 **环游日记**
* 康有为 **意大利游记**
康有为 **德意志等国游记**
康有为 **英国游记**
* 康有为 **法兰西游记**
韩国钧 **实业界之九十日**
李濬之 **东隅琐记**
盛宣怀 **愚斋东游日记**
* 戴鸿慈 **出使九国日记**
金　鼎 **随同考察政治笔记**
* 载　泽 **考察政治日记**
程　淯 **丙午日本游记**
康有为 **西班牙等国游记**
杨泰阶 **东游日记**
文　恺 **东游日记**
左湘钟 **东游日记**
吕珮芬 **东瀛参观学校记**
* 林汝耀 **苏格兰游学指南**
* 单士厘 **归潜记**
金绍城 **十八国游记**
附 艾儒略 **职方外纪**
附 南怀仁 **坤舆图说**
附 丁韪良 **西学考略**
附 艾约瑟 **西学启蒙**

图书在版编目(CIP)数据

西学启蒙两种/(英)艾约瑟等著.—长沙:岳麓书社,2016.12
(走向世界丛书/钟叔河主编)
ISBN 978-7-5538-0701-0

Ⅰ.①西...　Ⅱ.①艾...　Ⅲ.①学术思想—研究—西方国家
②经济思想—研究—西方国家　Ⅳ.①B5②F091

中国版本图书馆 CIP 数据核字(2016)第 303228 号

XIXUE QIMENG LIANGZHONG

西学启蒙两种

作　　者:[英]艾约瑟等著
校 点 者:赖某深
责任编辑:杨云辉
特邀编辑:聂双武
责任校对:舒　舍
封面设计:吴颖辉　贺红梅

岳麓书社出版发行
地址:湖南省长沙市爱民路 47 号
直销电话:0731—88804152　88885616
邮编:410006
岳麓书社网址:www.yueluhistory.com

2016 年 12 月第 1 版第 1 次印刷
开本:890×1240　1/32
印张:11.5
字数:256 千字
印数:1—3 000
ISBN 978-7-5538-0701-0
定价:50.00 元

承印:长沙超峰印刷有限公司

如有印装质量问题,请与本社印务部联系
电话:0731—88884129